京剧、武术、中医、书法、国画、刺绣……

中国国粹是中国固有文化精髓的代表，
是华夏文明这本大书中最灿烂辉煌的一页。

其以鲜明的个性展现着中华民族传统文化独特的内涵，
散发出无穷的生命力和永恒的魅力。

它们是华夏民族的精神之火，是民族自信的力量之源，
更是中国文化走向世界、放彩全球的标志性符号。

孩子一定要知道的

中国国粹

（共4册）

薪火相承

《图说天下》编委会 ◎ 编著

甘肃少年儿童出版社

目录

4
戏韵流转，锣鼓铿锵
京剧

10
春色如许六百年
昆曲

20
姹紫嫣红，曲中百态
元曲

22
纸上生"花"
剪纸

30
强身自卫的技击术
中国功夫

32
神奇的东方疗法
中医

14
灯影下的侧脸
皮影戏

18
指掌间演绎的传奇
木偶戏

26
一团彩泥巧塑众生
泥塑

28
专题 中国民族舞蹈

34
指尖的运筹艺术
中国珠算

京剧

戏韵流转，锣鼓铿锵

"劝千岁杀字休出口"的乔玄，
唱着"海岛冰轮初转腾"的杨玉环，
开封府内怒铡负心汉的包龙图……
从茶楼到戏园，百年来，众多京剧艺人粉墨登场，
用精美绝伦的表演描绘出了
舞台上一个个不可复制的华彩瞬间。

　　京剧，又称皮黄、京戏，清代道光年间形成于北京，距今已有约200年历史，是中国重要的戏曲剧种之一。

　　京剧虽然形成于北京，但并不是土生土长的北京当地剧种。清乾隆年间经济繁荣，文化艺术也得到了相应的发展。1790年，乾隆皇帝在八十寿辰之际邀请各大戏班进京献艺。在进京贺寿的各地方戏班中，来自扬州的徽班"三庆班"一炮而红。寿期结束之后，

他们并没有南返，而是选择留在北京。三庆班扎根京城后，"四喜"和"春"、"春台"等徽班陆续进京，与三庆班并称"四大徽班"。

四大徽班涌入京城后，其他地方声腔也随之而来。其中湖北汉调的很多艺人选择加入徽班，两种声腔艺术自此开始相互交流，后人称此现象为"徽汉合流"。京剧便是以徽班为基础，融合徽、汉二调，汲取当时流行于京城的京腔、秦腔等艺术成分逐渐演变而成的。

同治、光绪时期，京剧迎来了历史上第一个发展高峰期，民间画师沈容圃（一作沈蓉圃）将这一时期艺术成就最高、影响最大的十三位京剧演员的戏曲角色绘制在一幅长卷中，这组名噪一时的工笔重彩肖像画史称《同光十三绝》。

京剧发祥地"三庆园"

三庆园位于北京市前门外大栅栏街18号，始建于清乾隆、嘉庆时期，是老北京最早的戏园之一。由于三庆园是"四大徽班"的主要演出场所，因此这里一直被视为中国京剧的发祥地之一。

自三庆园开办以来，很多京剧名角儿都曾在此登台献艺。光绪末年，著名京剧大师谭鑫培曾携手清末京剧名旦路三宝在三庆园演绎《坐楼杀惜》等戏；优秀女老生、人称"冬皇"的孟小冬，离开上海北上发展后的首次登台便是在三庆园表演《四郎探母》。

除了陪伴众多京剧演员一举成名外，三庆园还见证了不少京剧大师的民族气节。京剧艺术大师、杨派艺术创始人杨小楼曾被汉奸邀请在三庆园为日本人义演。由于对方挟持人质威胁，杨小楼无法拒绝。于是在演出当天，杨小楼临时改词，借《战宛城》中张绣之口大骂敌人，将爱国之情表现得淋漓尽致。

京剧大师梅兰芳也曾多次在三庆园演出。就连主张以西洋戏剧取代中国戏曲的傅斯年在三庆园看过梅兰芳的表演后，都这样感叹："我有一天在三庆园听梅兰芳的《一缕麻》，几乎挤坏了。出来见大栅栏一带，人山人海，交通断绝了，便高兴得了不得。"

梅兰芳在演出《贵妃醉酒》。

生旦净丑

《霸王别姬》《杨家将》《未央宫》……一出出好戏在舞台上接连上演，连带着台下的观众跟着故事情节一起嬉笑怒骂，这一切都离不开京剧在塑造人物方面上采用的独特表演体制——行当。

行当是角色在舞台上的分类，它将各个人物按照性别、性格、年龄、身份等不同方面分为几类，赋予每种类别完全不同的造型风格与表演方法，使角色分工系统化。京剧行当的分类中存在着一个由繁到简的演变过程——从最开始的生、旦、净、丑、末、副、外、杂、武、流十门角色，到后来的生、旦、净、末、丑五类，再到现在将末行归入生类，只分为生、旦、净、丑四大类。

生一般是指京剧中扮演男子的演员。除去红生和勾脸武生外，生行一般是素脸，其扮相相对干净俊美，不在脸上绘制脸谱。生行由老生、武生、小生三个行当组成。老生指的是故事中的中老年男子形象，大多为剧中的正面人物。老生一般需要根据所扮人物年龄不同佩戴不同颜色的胡须，而小生主要扮演青少年男子，一般不佩戴胡须。剧本中擅长武艺的青壮年男子则一般由武生扮演。

在京剧表演乃至戏曲表演中，反串并不是指"女扮男装"或"男扮女装"的性别置换，而是指跨行当或跨剧种的演出，比如原本唱旦角的演员演了生角，或京剧演员唱了评剧或粤剧。

旦角是京剧表演中的女性角色。其中庄重的青年或中年妇女被称为"青衣"，天真活泼的女性角色被称为"花旦"，老年女性的角色则被称为"老旦"。在旦角中，还有一类特殊的行当被称为"刀马旦"，她们穿长靠、骑马、持武器，通常扮演擅长武艺的巾帼英雄。

净角大多扮演或性格豪放、或阴险狡诈、或相貌特异的男性人物，如爱憎分明的李逵、兄弟义气的张飞以及大奸臣严嵩等。丑角扮演种类众多，有的行为滑稽、引人发笑，有的凶狠奸诈、行为卑鄙。净角由于面部绘有脸谱而俗称"花脸"，而丑角由于化妆时常在鼻梁上抹一小块白粉而俗称"小花脸"。

京剧表演中，孙悟空多由武生行当扮演。

《穆桂英挂帅》中唱着"我一剑能挡百万兵"的穆桂英属于刀马旦。

四功五法

京剧艺术十分讲究表演技巧，因此每位京剧演员在确定行当之前，都要接受同样的基本训练。一旦确定了行当之后，还要按照行当要求进行特别训练。"四功五法"作为京剧表演的第一基本功，是京剧演员必不可少的基础训练。

唱念做打

唱是指唱功。作为四功之首，演唱是京剧演员用来传递感情的主要手段。比如《春闺梦》中，沉郁凄婉的程式唱腔便将女主角张氏对失去联系的丈夫的思念表达得淋漓尽致。

俗话"千斤话白四两唱"中的"话白"就是这里说的念功，即戏曲念白。念白大都没有乐器伴奏，轻重缓急、抑扬顿挫全靠演员自己把握，因此十分考验演员功力。

做是表演，即通过各种面部表情和肢体动作展现人物内心活动或表现所处特定环境。打是武打，包括独舞或手持兵器对打的"把子功"和翻滚扑跌的"毯子功"等。

不同派别唱腔不同，各有特点。以旦角的"梅尚程荀"四派为例：梅派发音圆润饱满，纯净甘甜；尚派高昂有力，明快大方；程派跌宕起伏，节奏多变；荀派活泼俏丽，热情生动。上图为尚小云及尚派弟子合照。

手眼身法步

手、眼、身、法、步是京剧演员的五法。通过对手势动作、眼神运用、身体控制、台步技法以及各部位协调方法的规范化训练，可以使京剧演员在表演中无论站、立、坐、卧，都能游刃有余。

以手法为例，京剧演员的手在表演中起到重要作用，不同行当手法不一致，不同的手法也代表不一样的含义。青衣和花旦都属于旦角，但二者兰花指形态却不尽相同，这是因为其角色性格完全不同。

花旦多为活泼的青年女性，造型上重神采。

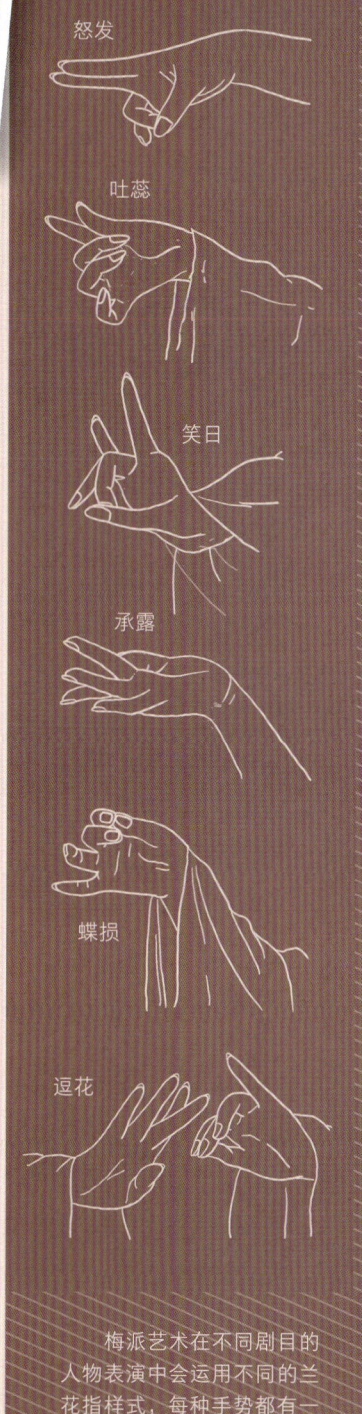

怒发
吐蕊
笑日
承露
蝶损
逗花

梅派艺术在不同剧目的人物表演中会运用不同的兰花指样式，每种手势都有一个诗意的名字。

家居常服。"对儿帔"常用于夫妇,其色彩纹样完全一致。褶是广泛使用的便服,多用于读书人、江湖英雄或者下层平民。除蟒、靠、帔、褶以外,其他戏衣统称为"衣"。

为了增强舞台艺术感,京剧服饰颜色大多鲜艳且明度高。京剧服饰色彩分为上五色——红、绿、黄、白、黑,下五色——紫、蓝、粉、湖、秋香。一人一色,以色彩分尊卑。

夫子盔

男靠

女靠

板斧

忠纱帽

宁穿破,不穿错

京剧服饰是以明朝服装样式为基础发展出来的。京剧中的人物大多有固定扮相,不同年龄、身份、性格,服饰各不相同。戏曲界流传着这样一句谚语:"宁穿破,不穿错。"

按照款式,京剧服饰可以分为蟒、靠、帔、褶、衣。蟒是帝王将相等高贵身份人物的通用礼服,具有庄重感。《甘露寺》中的刘备、《击鼓骂曹》中的曹操穿的便是蟒。靠是舞台上的戎装,常见于军事统领、将军以及一些特定的英雄形象上。帔是对襟长袍,是京剧中帝王、官吏及其眷属的

京剧靠装背后有"背壶","背壶"中插着"靠旗"。"靠旗"在古代战争中是真实存在的,能起到区分敌我、防护后背的作用。

脸上功夫

京剧脸谱是一种具有民族特色的特殊化妆方法。通过色彩的不同,观众可以对剧中人物性格产生初步判断。

黄色脸谱常用来表现人物的凶狠残暴,如《战宛城》中的典韦。

蓝色脸谱通常代表勇猛且具有反抗精神的角色,如《锁五龙》中的单雄信。

红色脸谱代表的角色一般赤胆忠心、义薄云天,如三国戏中的关羽。

黑色脸谱人物拥有忠正、耿直的品格,如《打龙袍》等戏中铁面无私的包拯。

白色脸谱多用来表示阴险狡诈的人物,如《华容道》中的曹操、《打严嵩》中的严嵩。

福台

台

畅音阁是故宫十多座戏台中最大的一座。

月琴

单皮鼓

笙

畅音阁共有福、禄、寿三层戏台，上演大型戏剧时可容纳上千名演员，热闹非凡。

舞台上的艺术

传统京剧舞台均为方形，由上场门、下场门和台幔组成。从观众的角度看，右侧为上场门，门框上写着"出将"；左侧为下场门，门框上写有"入相"。演员通常会伴随着锣鼓声从右侧的门上场，之后从左侧的门返回，而门框上的"出将入相"则有着盼望演员们成大器的寓意。

上下场门中间是具有衬幕作用的台幔。台幔之前、上下场门之间是京剧乐队。京剧乐队旧时被称为"场面"，便是因为它被设置在"场上正面"。乐队伴奏分为：为演唱伴奏的文场和配合身段动作的武场。其中文场的主要乐器有京胡、京二胡、月琴、弦子、笙等，而武场的主要乐器有单皮鼓、大锣、铙钹等。

现在的京剧演出通常设置在剧院内。舞台上不再设置上下场门，演员们会直接从侧幕上场。每一幕之间还会拉下幕布，留给演员更换场景的时间。

如何叫好儿

民国时期，在京剧演出过程中，如果观众被演员们的表演所感染，会通过叫好儿或将钱币及各类金银首饰抛到台上的方式表示喜爱。现如今，虽然随意扔礼物到台上已经不提倡了，但叫好儿的习俗仍延续了下来。

叫好儿大有学问。一是要喊对地方。演出前的是"尊重好"；演员出上场门时的是"碰头好"；翻打摔舞等演出精彩之处的被称为"满堂彩"。如果在不当不正的地方胡乱喊好，不仅会打乱演员的节奏，还会影响旁边观众的体验。二是要注意发声位置，让"好儿"字从喉咙冲出。

与叫好儿并存的是"叫倒好儿"，指的是当演员在台上出现纰漏或差错时，观众故意鼓掌叫好儿的行为。

谭鑫培于1905年主演了电影《定军山》，该片与京剧结合，是中国人第一部自己摄制的电影，标志着中国电影的诞生。

春色如许六百年

昆曲原名"昆腔""昆山腔",也被称为"昆剧",产生于元末明初江苏昆山一带,是明代中期乃至清代中期影响最大的戏曲声腔。

昆曲是一门结合了文学、音乐、表演的综合性艺术。经过长期的舞台实践,昆曲取得了很高的成就,歌、舞、介、白等表演手段高度融合。其分工也越来越细,主要角色包括老生、小生、旦、贴、外、末、净、付、丑等。昆曲对中国很多戏剧剧种,如京剧、川剧等都有着巨大的影响,堪称中国戏曲艺术的集大成者。昆曲的代表性剧目有《牡丹亭》《西厢记》《长生殿》《玉簪记》《十五贯》等。

昆曲剧本工尺谱抄本

昆曲的发展

元代后期,产生于浙江温州的南戏流传到了江苏昆山一带,经过当地音乐家的改良,在明初逐渐形成了"昆山腔"。明代嘉靖年间,一位名叫魏良辅的戏曲音乐家与几位民间艺术家一起,对昆山腔进行了改良,广泛吸取了其他南方戏曲唱腔的优点,建立了一种被称为"水磨调"的昆曲歌唱体系,其声一唱三叹、悠扬圆柔。

工尺(chě)谱是中国民间歌曲、器乐曲、曲艺、戏曲等传统记谱法之一,因用"工""尺"等字记写唱名而得名。近代常见的工尺谱多用"合、四、一、上、尺、工、凡、六、五、乙"等字样作为表示高音的基本符号。

嘉靖中叶以来，众多戏曲家都对昆山腔进行了进一步的加工，昆曲剧作家人才济济、名家辈出。历史上第一部昆曲是梁辰鱼所作的《浣纱记》，它讲述的是春秋时期吴越相争以及西施的故事。《浣纱记》的上演扩大了昆山腔的影响力，使昆山腔成为"四大声腔"之首。学习昆曲的人越来越多，文人士大夫也争相为昆曲撰写剧本。到了明代万历年间，昆曲的影响已经扩展到了江浙各地，形成了诸多流派，更传入京师（今北京），广受各阶层观众喜爱，逐渐成为全国性的剧种。

明代天启初年到清代康熙末年的100余年间，是昆曲走向鼎盛的时期。在这100余年里，昆曲作家们不断撰写新作，戏班争相排演新剧，昆曲的表演艺术日趋成熟，服装道具也日益考究。

明末清初，昆曲的表演形式逐渐由全本演出过渡到"折子戏"。所谓折子戏，就是从整个剧本中摘选较为精彩、情节相对独立的一节单独表演。由于昆曲文辞古雅，人们逐渐被新鲜、通俗的京剧所吸引，昆曲逐渐走向衰落，直到近几十年来才重新振兴。

昆曲《邯郸梦》木偶

《邯郸梦》出自汤显祖《临川四梦》之一的《邯郸记》，其借黄粱美梦的典故再现了明代官场之状，深刻探讨了人们超脱生死困扰的途径。

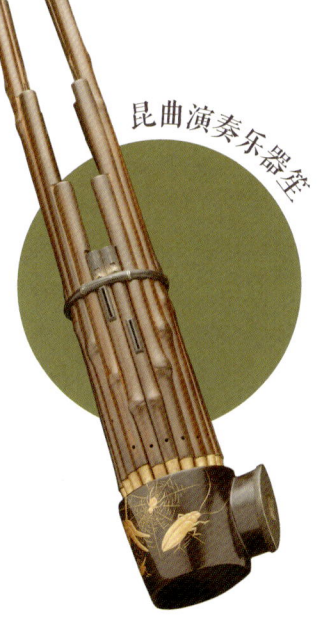

昆曲演奏乐器笙

昆曲之美

在音乐上，昆曲为曲牌体结构。古代的词曲创作最初是"选词配乐"，其中格外动听的曲调就会被保留下来，后人依照曲调和原词的格律重新填词。这些被保留下来的曲调大多会沿用原来的标题，也就形成了"曲牌"。曲牌的文字多由长短不一的句子组成，每句的字数、声调、押韵等都有一定的规定。

曲牌有南曲与北曲之分：南曲带有柔和秀丽的风格特征，具有抒情性，擅长表现怀念、伤感等细腻的情感；北曲则具有慷慨激昂的风格特征，唱词、曲调变化灵活，擅长表现豪迈的英雄气概。

昆曲的演唱注重吐字,演员唱出每一个字时,需要把字的头、腹、尾每一部分都切分得清晰匀称,与说话时的吐字方式有很大区别,这一点是对魏良辅改良的"水磨调"的继承。到了字尾收字时,还需要注重归韵,不同韵的字在演唱时要把口型及声音归到相应的音上,这是昆曲音乐中的一个传统的理论。

在明代,曾有民间艺术家还提倡演唱昆曲时要"审音辨字":演唱时除了把字唱出来以外,更要把人物的性格、情感也表达出来。

《绣襦记》是明代徐霖所创作的一部昆曲传统剧目,讲述了唐代荥阳公子郑元和与长安歌伎李亚仙的爱情故事。

昆曲《绣襦记》木偶

《牡丹亭》书影

《牡丹亭》的传奇

提及昆曲,人们最为熟知的剧目莫过于明代著名戏曲作家汤显祖于1598年所创作的《牡丹亭》。这部作品是一部具有浪漫主义精神的杰作,在中国古代戏曲史上占有重要的地位。

《牡丹亭》讲述了杜丽娘在梦中与书生柳梦梅相爱,因相思而逝,其魂魄与柳梦梅再度相遇,最终死而复生的故事。剧本的主要情节源自当时的一篇话本小说,但汤显祖巧妙融合了明代社会现实,进行了创造性改编,构思新颖,情节离奇,人物形象生动,描写细腻。《牡丹亭》自问世以来引起了当时及后世众多观众的强烈共鸣,以其深刻的情感表达和精湛的艺术技巧,引领从古至

曲词典雅是昆曲的一大特征。昆曲音乐美妙婉转,极具感情,与之相配的唱词也极富诗意。与许多中国古代诗词一样,昆曲的唱词多带有浓厚的抒情色彩。昆曲唱词吸收了古代文学中的元素,剧本中具有文人的审美趣味。明清时期许多从事昆曲剧本创作的剧作家也同时取得了很高的文学成就。在昆曲唱词中,可以见到比喻、拟人、用典等多种修辞方式,许多富有文学性的名句也脍炙人口、家喻户晓。

今的无数观众进入一个浪漫而梦幻的昆曲艺术世界。

2004年，著名作家白先勇打造了"青春版《牡丹亭》"，在保留原剧情的前提下加快了叙事节奏，演员的服饰全部采用传统苏绣，舞台布景运用园林造景技法，展现了一种简约、写意的审美风格，既保留了昆曲的精髓，又顺应了时代审美的发展，广受海内外观众的喜爱。直至今日，《牡丹亭》这部经典作品依然焕发着勃勃的生机，还将会继续为人们带来难以忘怀的感动和艺术享受。

汤显祖（1550—1616），字义仍，号若士，明代伟大的文学家、戏剧家。其传奇作品《紫钗记》《牡丹亭》《南柯记》《邯郸记》合称《临川四梦》，是中国文学史上最杰出的作品系列之一。

原来姹紫嫣红开遍，似这般都付与断井颓垣（yuán）。良辰美景奈何天，赏心乐事谁家院。朝飞暮卷，云霞翠轩，雨丝风片，烟波画船，锦屏人忒（tuī）看的这韶光贱。

——汤显祖《牡丹亭》

灯影下的侧脸

皮影戏

中国皮影戏是中华民族艺术殿堂里
不可或缺的一颗精巧明珠,
是一种集表演、歌唱、雕刻、绘画等多种艺术手段
于一体的综合性表演形式。

夜幕降临,一盏油灯照亮了简易的戏台,几段唱腔、一出好戏,勾勒出了一个奇妙的光影世界——这就是中国皮影戏。

中国皮影戏是一种特殊的戏剧形式,由演员在幕后操纵兽皮制成的皮影,借助灯光照射出的影子投射到幕布上,配以演唱、伴奏进行表演。皮影戏也称"影戏""灯影戏",它以丰富多变的皮影造型、高难度的操纵技艺、独特的演唱声腔、精彩动人的表演征服了无数观众。

皮影戏题材丰富，擅长表现朝代戏、英雄传奇、神话传说等场面热闹、故事性强的剧目。虽然皮影戏的舞台只是一张小小的幕布，但在皮影艺人灵巧的手中，影人可以上天入地、腾云驾雾，完成真人演员在舞台上不能完成的表演。

皮影的艺术风格也十分独特，令人难忘。绝大多数的皮影人物都被设计成了侧面的形象，也有少数是半侧面。这些皮影人物从来不会正面朝向观众，而是左右横向移动。需要转身时，操纵者只要快速把影人翻过来即可。

细看皮影

① 皮影人物的头部被称为"头茬"，可以拆卸。把不同的头茬替换到躯干上，就有了不同的人物。头茬刻画人物的侧脸，线条简练但意蕴丰富，可谓是"一张牛皮道尽喜怒哀乐，半边人脸收尽忠奸贤恶"。

② 皮影人物的四肢关节是可以活动的，在刻制时需要先分部件刻出，再进行组装，这样皮影人物就可以在操纵者手中做出行走、打斗等各种活灵活现的动作了。

③ 皮影人物的五官、发型、衣着等多采用镂空的手法雕出各式各样的花纹，在光影下显得精致而美丽。

④ 皮影人物表演的舞台叫"影窗"，俗称"亮子"，多用白布、细纱、绵纸等材质制成。舞台虽小，天地却大，在这一方被灯光照亮的空间，可以用皮影演绎出上下五千年的中国故事。

从兽皮到皮影

古代的皮影有时会用纸来镂刻,但由于纸张不易保存,后来改用驴皮、牛皮等兽皮制作,也正因此而得名"皮影"。全国各地不同流派的皮影戏主要的区别在于唱腔,皮影的制作方法基本相似。

制作一张皮影,需要先给兽皮刮毛去血,将其加工成半透明状的薄片,然后再进行画稿、过稿、镂刻、敷彩等步骤。为了让皮影看起来惟妙惟肖,制作皮影的艺人甚至会使用多种不同的刻刀。经过了"千锤百炼",皮影本身就是一件艺术品。

皮影人物一般分成头、身体和四肢等几部分,制作时分开刻制,演出时再组装在一起。在身体和双手上安装三根竹签,皮影艺人就可以操控影人进行各种各样的动作。除了人物以外,皮影戏的各种布景、道具也以类似的做法用兽皮制成,在影窗上映照出了一个别具一格的世界。

皮影戏的表演

皮影戏表演的场所有临时戏台和固定戏台两种，但民间大多数都是临时戏台。皮影戏班的艺人会在演出前找到合适的地方，用自带的木条、竹棍搭建戏台，随搭随演，演出结束后就可以直接拆卸。

皮影戏属于一种傀儡（kuǐ lěi）戏，一切表演都由演员操纵影人呈现给观众。观众与演员之间隔着影窗，没有直接的交流。操纵影人进行表演可能比演员亲自上台表演更有难度。演员手拿连接影人的签子来操纵皮影，用握、捏、夹、按、勾等不同手法，让影人的动作更加生动、富有变化。

一般来说，皮影戏班的演职人员不多，许多演员都需要身兼数职，既要操纵影人，又要演奏乐器，甚至还要演唱。只有一个演职人员的皮影戏班被称作"独脚班"，在东北、闽南等多个地区都曾出现过这样的皮影艺人。戏班最为常见的形式是前台主唱、后台协助，人数一般为二到五人不等，分工合作。人数较多的皮影戏班大约为十人，在表演时可以分角色演唱。

影窗背后的奥秘

传统皮影戏演出的剧目大同小异，皮影艺人想要吸引观众，在长期实践中研究出了各种"绝活"，使表演变得更加生动有趣。

变脸

影人变脸是皮影表演中的传统特技，适用范围很广，可用于表现神话故事中善于变化的神魔妖怪等，也可以用来表现角色表情、神态的变化。变脸时要事先准备好两张或多张外轮廓相同，但表情、相貌不同的脸，巧妙地藏在一个头茬里，在表演时迅速换脸。

流泪

为了更好地用皮影戏表现角色的情感，表演者们有特殊的技巧用来演绎影人流泪：事先准备好大小适当的小玻璃珠，固定在影人眼角里，当表演到影人落泪的时候，就把玻璃珠从影人的眼角处贴着影窗慢慢放下。这样，从观众的视角看，影人好像真的在流泪一样。

换马片

在表演战争戏时，有时会需要表现角色飞身上马的动作。完成这个动作需要准备两套马片，一套是单独的影人和单独的马，另一套是影人摆好骑马姿势的马片；其关键在于迅速替换。

指掌间演绎的传奇 木偶戏

木偶戏是一种由艺人操作傀儡表演故事的戏剧形式，古称"傀儡戏""傀儡子"。

中国的木偶戏兴起于汉代。到了唐代，木偶戏有了新的发展和提高，人们已经可以用木偶来演出具有人物和情节的剧目了。宋代木偶的制作工艺与操作技艺进一步成熟，是中国木偶戏发展的一个重要时期，《东京梦华录》《武林旧事》等书中都有记载当时傀儡戏演出的盛况。明代时，木偶戏已经在全国各地流行，在经济发达的南方地区更是十分繁荣，有着"南方好傀儡"的说法。清代后，木偶戏进入了全盛时期，流行范围更广。近现代以来，除了演出传统的戏曲节目外，木偶戏还有了更为广泛的表演内容，可以表演话剧、歌舞剧、连续剧甚至广告等。

福建木偶戏是我国木偶表演艺术的杰出代表，自公元10世纪起在福建的泉州、漳州及周边地区广泛传播。其表演技法精湛，传统剧目和音乐唱腔丰富，木偶造型精美，具有完整的表演体系，深受当地民众的喜爱与珍视。

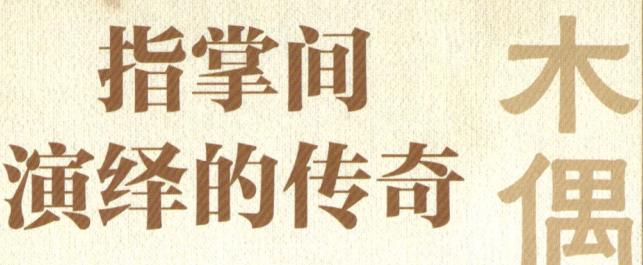

掌中木偶

福建木偶戏的主要类别

提线木偶戏

提线木偶戏古称"悬丝傀儡戏",历史悠久,在许多古书中都有记载。提线木偶造型较高,多在70厘米左右。人偶身体的关键部位均缀连着细线,最多可达30多条,最少也有10多条,如果要进行特技表演,还要根据需要增加若干辅助提线。木偶人表演各种武打技艺及舞蹈身段的水准完全取决于艺人的操作技巧。

掌中木偶戏

掌中木偶戏也称"布袋戏"。掌中木偶高约7寸(不到30厘米),身躯形似布袋,上边接上樟木雕制的木偶头,左右接木偶双手,布袋前片的下端接木偶双腿。表演者食指插在木偶颈里控制头部,中指、拇指伸到木偶左右袖管直接操纵木偶双手。因为表演者是用手指直接操纵木偶的,所以这类木偶戏有着动作节奏明快、迅捷有力的特点。

人才培养

福建木偶戏蕴藏着古人的智慧,更是当地人文化记忆的重要组成部分。然而自20世纪80年代以来,随着人们生产生活方式的变化,加上福建木偶戏表演、制作技法复杂,年轻人学习意愿下降,福建木偶戏逐渐陷入后继乏人的困境。

为了传承、保护福建木偶戏,从2006年开始,相关群体和传承人制定了"福建木偶戏后继人才培养计划",截至2012年,已经取得了一定的成效,提高了福建木偶戏的存续能力。培养计划既注重通过系统的专业训练,培养新一代的木偶戏从业者,同时也致力于从改善木偶戏的生存环境入手,培育潜在的木偶戏爱好者。这些成果得到了联合国教科文组织的肯定,"福建木偶戏后继人才培养计划"成为我国首个入选联合国教科文组织"保护非物质文化遗产优秀实践名册"的项目。这一培养计划的成功,更为我们保护其他非物质文化遗产提供了经验和示范。

此为南宋画家刘松年的《傀儡婴戏图》,画中的孩童正在表演提线木偶戏。

元杂剧壁画《大行散乐忠都秀》

姹紫嫣红，曲中百态

元曲是中国传统文化中的一朵奇葩，和唐诗宋词鼎足并立，是我国文学史上的瑰宝。

杂剧与散曲

元曲根据文体的不同可分为杂剧与散曲。

杂剧以唱为主，唱词由同一宫调的套曲组成，句尾入韵，并有"科"（动作）"白"（念白）以配合表述剧情。一个剧本通常分为四折（四幕），剧前或两折之间可加"楔子"。散曲是当时的市井俚俗歌曲，主要分为小令和套数两种。小令是篇幅短小的单支曲子，套数是由同一种宫调的数支曲子按序组成。

元曲

明·闵齐伋·《西厢记》插页

有人说，如果把唐诗、宋词、元曲比作三位友人，唐诗品高，宋词风雅，俱为可心，可最愿相交的便是元曲这位"性情中人"了。王国维说："元曲之佳处何在？一言以蔽之，自然也。"所谓自然，是指元曲能真实地表露作者的想法，从中我们可以看到"时代的情状"。

三弦

三弦是元曲的主要伴奏乐器之一。

曲中的真性情

元曲的自然从其唱词中可见一斑。当它说起甜言蜜语，"莺莺燕燕春春，花花柳柳真真，事事风风韵韵，娇娇嫩嫩，停停当当人人"；当它思念一个人，"平生不会相思，才会相思，便害相思"；当它感时伤怀，"美人自刎乌江岸，战火曾烧赤壁山，将军空老玉门关"；当它看破红尘，"离了利名场，钻入安乐窝，闲快活"；当它犀利批判，"为儿女使尽些拖刀计，为家私费尽些担山力。您省的也么哥？您省的也么哥？这一个长生道理何人会"；当它怜悯黎民百姓，"兴，百姓苦！亡，百姓苦！"

元曲四大家

一直以来，元曲学界评论家对于四大家的提法虽存有争议，但普遍认为关汉卿、白朴、马致远、郑光祖在元杂剧创作上的成就，远高于其他人，这四位也被称为"元曲四大家"。

关汉卿的代表作有《窦娥冤》《拜月亭》；白朴的代表作有《梧桐雨》《墙头马上》；马致远的代表作有《汉宫秋》《青衫泪》；郑光祖的代表作有《倩女离魂》《翰林风月》。当时，以元曲"四大家"为首的一大批文学家都是曲、剧皆精，他们创作的元曲名著既是元代文学艺术的代表作，也是中国文学和表演艺术的瑰宝。

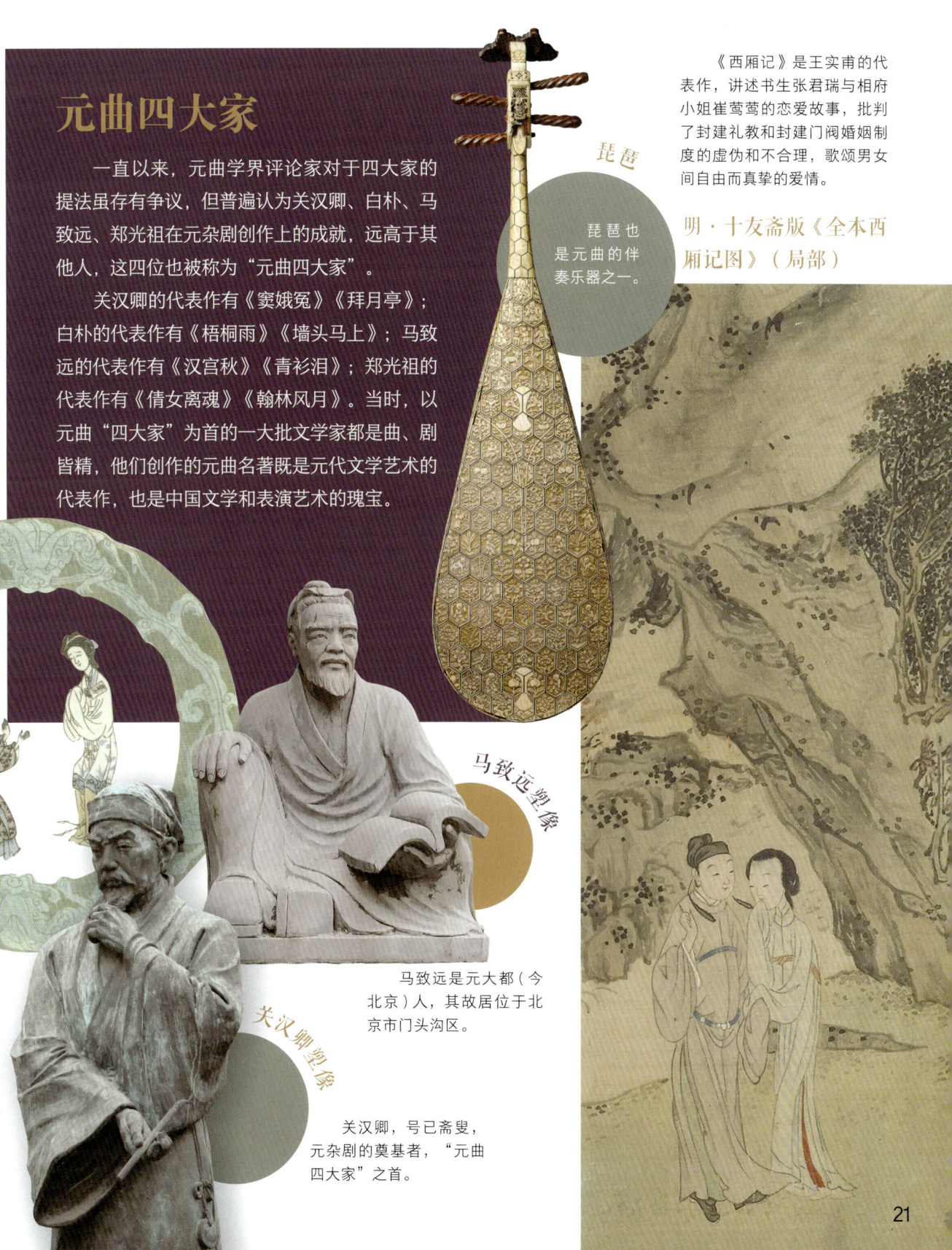

琵琶

琵琶也是元曲的伴奏乐器之一。

《西厢记》是王实甫的代表作，讲述书生张君瑞与相府小姐崔莺莺的恋爱故事，批判了封建礼教和封建门阀婚姻制度的虚伪和不合理，歌颂男女间自由而真挚的爱情。

明·十友斋版《全本西厢记图》（局部）

马致远塑像

马致远是元大都（今北京）人，其故居位于北京市门头沟区。

关汉卿塑像

关汉卿，号已斋叟，元杂剧的奠基者，"元曲四大家"之首。

剪纸

纸上生"花"

沉淀了数千年的中华文化孕育了无数民间美术瑰宝，剪纸艺术便是其中最具特色的工艺之一。在今天，剪纸艺术仍承载着人们对美好生活的向往。

《史记》中记载了这样一个故事：周成王继位后，有一次随手将一片梧桐叶削成分封官员所用的圭的形状，然后交给了弟弟叔虞，并告诉他："我要用它来分封你。"时任史官的史佚便请周成王选一个分封叔虞的日子，周成王却说："我是在和他开玩笑。"史佚听后回答他说："天子没有玩笑话。"于是周成王便把唐分封给了叔虞。这个故事既是成语"君无戏言"的由来，也被认为是剪纸的最早渊源。

在纸张被发明出来前，人们已经开始使用金箔、树叶等薄片材料雕刻纹样制作装饰品，这些都为剪纸的出现打下了基础。东汉蔡伦对造纸术进行改进后，真正意义上的剪纸出现了。南北朝时期，我国迄今为止发现的最早的剪纸出现了，即出土于新疆吐鲁番市的对马、对猴团花。

唐宋时期，剪纸图案被运用到其他工艺方面，比如蓝印花布的制作。这项工艺会先用油纸板雕出花纹，再隔着油纸板将染料漏印到布匹上。这一时期，剪纸逐渐成了商品，以剪纸为职业的艺人随之出现。

明清时期，"走马灯""夹纱灯"等灯具的制作中也开始运用剪纸元素。剪纸艺术在发展过程中，一方面保留原有风格，另一方面融合外来文化，这使得它的运用范围越来越广泛。

《老鼠嫁女》

1983年上海美术电影制片厂曾以"老鼠嫁女"为主题拍摄剪纸动画。

会动的剪纸

随着社会的发展、技术的更新，剪纸艺术除了作为工艺品表达美好愿望、供人观赏外，更突破了静态，向着更多元的方向发展，比如剪纸动画。

剪纸动画是将剪纸艺术运用于动画设计制作的一种影片类型，其通常运用剪纸艺术的手法设计角色与场景，之后借鉴皮影戏操纵人物动作来呈现动态视觉效果。动作的变换主要依靠移动角色来实现，每个操作都要非常细致。

现如今，在不断的发展过程中，剪纸动画逐渐吸收了其他动画类型的优点，取长补短，同时尝试将数字媒体技术融入其中。相信在不远的将来，一定会有越来越多的剪纸动画工作者，创作出越来越多的优秀作品。

源于生活

中国剪纸的内容取材通常贴近人们日常生活。随处可见的动植物形象、热闹生动的生活场景和耳熟能详的神话传说等，都是剪纸艺术的常见题材。

一幅剪纸的诞生

中国剪纸艺术在民众中产生、流传和发展，受各地风俗影响较大，因此出现了很多不同的派别，但总的来说，其制作步骤基本相同，大致包括以下几步。

首先是构思立意。不同的剪纸有不同的主题，因此在落剪之前，要先明确主题思想。常用的剪纸主题有神话图腾、花鸟鱼虫、节庆祝福等。

下一步是起稿，即画出剪纸所用的"底样"。底样完成后便可以进行剪刻，这是剪纸中最重要的一步。"剪"是指用剪刀剪，剪出的线条通常灵活多变；而"刻"通常是指用刻刀雕刻，刻刀刻出的作品通常风格细腻、装饰性强。

从表现技法来说，剪纸可以分为阳剪和阴剪。阳剪讲究"线线相连"，用线来呈现图案；阴剪则正好相反，留下轮廓线，把中间的部分掏空。一幅好的剪纸作品通常会把阳剪和阴剪结合起来。

这两幅剪纸都刻画了丰收的景象，但左为阳剪，右边则包含阴剪。

在剪刻过程中，剪纸艺人们还会通过一些视觉表现手法增加画面的层次感，使画面主次清晰。比如将内在的物体透过外在物体呈现出来，以此表现包含关系的X透视法；以及为了使物体不被遮挡，将前方物体陈列在下、后方物体陈列在上的平铺法。

这幅剪纸运用平铺法，将兔子、花朵、白菜、萝卜等置于同一平面，使整幅画面显得热闹而生动。

这幅剪纸运用X透视法展示出了室内各房间内部场景，使画面显得更加饱满。

①锯齿纹
②月牙纹
③鱼鳞纹
④云纹
⑤柳叶纹

入乡随俗

剪纸工艺凭借变化多样、色彩单纯明快等特点受到了各地人民的喜爱。但正如前文所说,由于文化上的差异,具有载体功能的民间剪纸也有着区域间的差异。

用不同的衬纸放在下方衬色的剪纸被称为"衬色剪纸"。广东佛山剪纸的特别之处便在于其特殊的铜衬工艺。置铜箔于剪纸作品下方,将材料与表现手法巧妙结合,这使得广东佛山剪纸风格富丽堂皇,独具岭南特色。

山西广灵剪纸工艺考究,从开始设计定稿到包装结束,前后大约需要38道工序,是一种现代机器生产无法完全取代的纯手工工艺。近年来,广灵剪纸更是推陈出新,研发出了新写实多层剪纸。这类剪纸先借助计算机技术将画面分层分色,之后逐层手工刻制。当一层层剪纸叠加后,生动的图案就出现了。

除此之外,湖北雕花剪纸、陕西榆林剪纸等都是剪纸艺术中的佼佼者。正是这些不同地域的创作风格使剪纸这种民间艺术形式得以百花齐放。

流传于河北省的蔚县剪纸与广灵剪纸具有同源关系,但历史的变迁使它们呈现出不同的特点。

纹样大不同

剪纸作品造型多样,变化丰富,这很大程度上是不同纹样经过组合变化后得到的艺术效果。剪纸纹样一般包括主轮廓纹样和内部装饰纹样两种,前者表现图像基本结构,后者通过不同形状表现不同画面内容,增添剪纸趣味性。

锯齿纹
在剪纸中应用广泛,尤其是动物剪纸。一般用来表现动物身上的羽毛、绒毛及花朵、树叶的纹理。

云纹
包含团云、朵云、行云等,每种可分别表现不同状态下的云彩或水浪。

月牙纹
由长短不一的弧线组成,多用于表现眼眉、衣纹、脊背等。

鱼鳞纹
除鱼鳞外,龙鳞、孔雀羽毛等相似部位也可以用鱼鳞纹表现。

柳叶纹
因其形似柳树叶而得名,多用于表现花卉、叶片等。

一团彩泥 巧塑众生

泥人师傅们用自己的手为泥土塑造了身体。

你听说过女娲造人的故事吗？传说女娲因为感到孤单，便在黄河边用泥捏出了和她自己一样的泥人，泥人分男女，成为人类的祖先。据说，古人出于对祖先的崇拜，便开始自己制作泥人，所以很多"民间女娲"便横空出世。

捏泥人的历史

"捏泥人"其实就是泥塑，又称彩塑，是一种古老而常见的民间艺术。泥塑的原材料是泥土，但匠人们通常要在泥土中掺杂棉花纤维，这样做出的泥塑经阴干上色后才能更好地保存。

泥塑的起源很早，在新石器时期就已经出现，经过两汉的发展、宋元时期的创新，在明清时期达到鼎盛。民国时期开始，泥塑更是在全国各地出现，它也从最早的祖先崇拜变成了后来的居家装饰，深入到家家户户。

泥人师傅为泥人上色。

泥塑吹糖艺人

泥人张彩塑——选花布

泥塑

中国的著名泥塑

随着泥塑技艺和大众审美的不断提高,泥塑也逐渐形成了自己的流派。潮州大吴泥塑、天津"泥人张"、无锡惠山泥人等都是中国著名的泥塑。

潮州大吴泥塑又被叫作"土安仔",至今已经有 700 多年历史。清朝是大吴泥塑的繁荣发展时期,以戏曲人物、脸谱、真人肖像等形象门类闻名全国,人物栩栩如生,深受人们喜爱。

孟良与焦赞

大吴泥塑

大吴泥塑以文身、武景等形象门类闻名全国。

张玉亭制曹慈伯像

泥人张彩塑

"泥人张"彩塑的最大特点就是写实。

张玉亭是张明山的儿子,"泥人张"第二代的代表。

天津"泥人张"彩塑起源于清朝道光年间,有近 200 年的历史,创始人是张明山。"泥人张"彩塑的最大特点就是现实主义的表现手法,多取材于人们的日常生活,生动复刻人物的形态。

如果说北方的"泥人张"彩塑占据了泥塑的半壁江山,那么另一半江山多半属于南方的无锡惠山泥人。惠山泥人距今已经有 400 多年的历史,主要分为粗货、细货两大类。粗货又叫耍货,以祈福为主要主题;细货又叫"手捏戏文",塑造对象为戏曲中的人物。

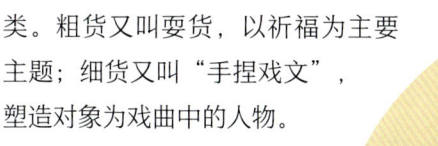

惠山泥人

惠山泥人主要分为粗货、细货两大类。

大阿福

泥塑以其精湛的技艺惊艳众人,先后有十多种地方泥塑入选了国家级非物质文化遗产名录。色彩鲜艳、表情生动的泥塑拥有巨大的感染力,每一个泥塑形象中都倾注了师傅们的热情与真诚。

中国民族舞蹈

专题

舞蹈是人类最古老的艺术形式之一。中国民族舞蹈是具有独特形态和神韵的东方舞蹈艺术。

中国是一个多民族国家，舞蹈种类繁多，异彩纷呈。不同的民族、不同的地域都具有不同风格的舞蹈，有的庄严肃穆，有的欢快轻巧……

唐·陶舞俑

《汉宫春晓图》是仇英重彩仕女画的杰出代表，在局部刻画了女性歌舞、弹唱的场景，一种轻松活泼的欢快氛围跃然纸上。

明·仇英《汉宫春晓图》

傣族孔雀舞

傣族人民把孔雀看作圣鸟，认为它象征着善良、智慧和吉祥，因此孔雀舞是傣族人民最喜爱的舞蹈。在傣族的重要节日里，大家会聚在一起，敲响大锣，打起象脚鼓，跳起姿态优美的"孔雀舞"，来表达他们对美好生活的向往。

孔雀舞有单人舞、双人舞、三人舞和歌舞剧等种类。孔雀舞以浓郁的民族风格、鲜明的艺术个性独树一帜。它的舞步律动、手势造型、舞蹈形态、情感表达都有鲜明特点，体现了稻作舞蹈文化的特征，其形其神，均渗透着东方舞蹈的风韵。

朝鲜族长鼓舞

汉·陶绕襟衣女舞俑

陶舞俑身体随着舞步的变化呈现出"S"形。双臂上举，长长的衣袖从空中向身后飘下，动感十足。

长鼓舞，这一源自朝鲜族古老传统的舞蹈，深深植根于"农乐舞"的土壤中。在盛大的庆典活动中，长鼓手们如同身披荣光的战士，击打着手中的长鼓，用激昂的鼓声与动人的舞蹈为观众营造出一种欢快而热烈的氛围。由于他们在表演时要挎着长鼓，故在起舞时侧重于击鼓的形体动作，由此创作出挎跳"大蹦子"等技巧，这被称为"长鼓演戏"。

经过历代艺术家的传承与创新，长鼓舞逐渐从"农乐舞"中脱离出来，成为一门独立的舞种。如今，每逢佳节庆典，民间艺人们都会纷纷跳起热烈欢快的长鼓舞。

长鼓

芦笙

侗族芦笙舞

鼓楼，是侗族人的公共场合和集会中心。每当需要召集全村人时，便会有人敲响鼓楼中的"款鼓"。

侗族是一个能歌善舞的民族，歌也成为一种文化融进了他们的血液之中。上至九十的老妪，下至几岁的娃娃，无一不是歌唱能手。除了歌曲，侗族人还离不开的便是芦笙。歌唱的时候离不开芦笙的伴奏，舞蹈的时候也离不开芦笙的配合。

芦笙舞，最早源于在播种时对丰收的祈求，以及在收获时对神灵和祖先的感谢。侗族芦笙舞种类繁多，有节日中自娱自乐的舞蹈，也有男女青年交往的舞蹈，更有为了展现芦笙魅力而一边演奏一边表演的技巧舞蹈和竞技舞蹈。

孔雀舞剧照

侗族鼓楼

中国功夫

强身自卫的技击术

中国功夫博大精深，源远流长，是中华民族智慧的结晶。

提起中国功夫，你会想到什么？是电影中飞檐走壁的英雄，还是寺庙中冥思苦练的僧侣？中国功夫，这门充满魅力的古老艺术，以其深厚的文化底蕴和独特的风采，吸引着世界的目光。

少林拳

少林拳，诞生于河南嵩山少林寺。那里的僧侣不仅练习拳法，还练马战、步战、轻功、气功等。少林僧兵曾帮助唐朝皇帝打了胜仗，少林寺因此声名大振，成为"天下第一名刹"。少林拳法短小精悍，动作朴实却不失灵巧。少林拳身法有八要，即起、落、进、退、反、侧、收、纵；其拳种多样，有小洪拳、大洪拳、罗汉拳、梅花拳、朝阳拳等。嵩山当地群众男女老幼皆练武，已经蔚然成风。少林拳也早已跨越国界，在全世界范围内都有拥趸。

少林寺《武僧演武图》壁画

叶问堂

叶问堂位于广东省佛山市禅城区祖庙内。

蛇拳

　　蛇拳，因模仿蛇的形、神、意、劲而得名。这种拳法在刚与柔之间巧妙平衡，主要强调柔韧，同时不失刚劲。动作上要求上身柔软，下肢敏捷稳固，兼具灵动与力量。蛇拳在实战中特别注重身体的抖动、步伐的变换和双手的迅速闪烁。传统蛇拳套路丰富，如神蛇炼月、金蛇陆起、白蛇吐信、风蛇绕树、玄蛇盘石等形象化动作。蛇拳不仅在浙江、福建、四川等地流传，也是全国武术舞台上的一大亮点。

咏春拳

　　提起咏春拳，大家通常可能会想到叶问。叶问的徒弟当属李小龙最为有名，他让中国功夫名扬四海。

　　关于咏春拳的起源，说法不一。有人说是福建福清南少林的五枚师太创造；也有人说是福建泉州的严咏春在目睹蛇与鹤的战斗中受到启发，融合了永春地区的拳法和少林的格斗术，从而独创了这门拳法。咏春拳动作多变，运用灵活，可在贴身肉搏中如鱼得水，主要手型有凤眼拳、柳叶掌等；主要手法有挫手、撩手、三挤手、左右破排手、沉桥、黏打；主要步法有三字马、追马等。

李小龙雕像

他以中国传统武术和爱国正义的银幕形象成为国际著名影星，并使功夫片走上国际影坛。

太极拳

太极拳

　　太极拳流派众多，其中流传较广或特点较显著的有陈式、杨式、孙式和赵堡太极拳等。新中国成立后，为了让太极拳"飞入寻常百姓家"，拳师们创编了24式简化太极拳、48式太极拳等，让太极拳更亲民。尽管流派众多，但太极拳法也有共同点：它们具有相同的技术方法，都以掤、捋、挤、按、採、挒、肘、靠、进、退、顾、盼、定等为基本方法。

神奇的东方疗法

中医在世界医学史上独树一帜，它是中国传统文化中最珍贵的遗产之一。

中医是中国传统医学的简称，包括汉族、藏族、蒙古族、维吾尔族以及其他少数民族的医学和医药。

据文献记载，远在四五千年前的原始社会，华夏大地上已经有医药存在。成书于战国后期至西汉时期的《黄帝内经》是中国现存最早的中医理论经典著作，包括《素问》和《灵枢》各九卷，全面奠定了中医理论的基础，并蕴含着丰富的哲学思想。值得注意的是，《黄帝内经》并非由一人著成，只是诸多作者托"黄帝"之名而作。

"四诊""八纲"

中医认为，人体各部位器官之间相互依存，健康与自然环境关系密切，人的生病过程是外在环境作用于人体内部机体的表现，是一个由表及里、由虚到实的过程。因而中医治病强调"四诊""八纲"。

"四诊"即望（观气色）、闻（听声息）、问（问症状）、切（切脉）。明代徐春甫编撰的《古今医统》中说："望、闻、问、切四字，诚为医之纲领。""八纲"指阴、阳、表、里、寒、热、虚、实。医生在"四诊"的基础上，依照"八纲"之间相互对立统一的关系，对病人进行综合辨证施治。这也是中医运用的"天人合一""阴阳五行"哲学观念的体现。

五行对应的人体五脏

扁鹊，原姓秦，名越人，战国时期医学家。他奠定了中医利用切脉诊断的基础，开启了中医学的先河。

扁鹊 塑像

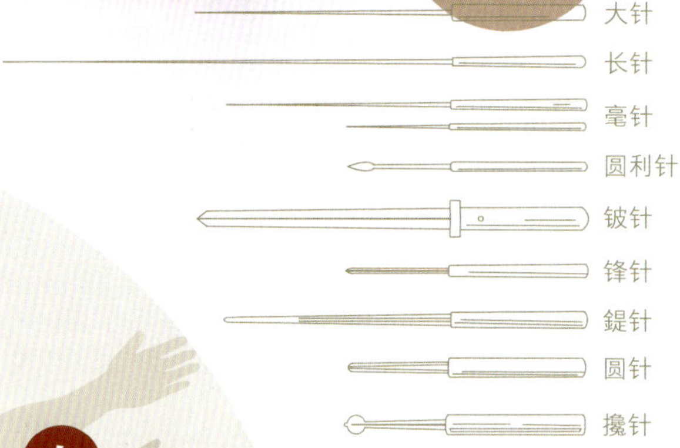

中医

针灸

中医针灸是世界上独一无二的疗法，它用"针"和"灸"两种方法刺激人体穴位，调节人体的生理和病理状态，从而达到治病救人的效果。

"针"即针刺，通过针刺入人体特定的穴位，刺激局部神经和末梢，引起全身生理反应。"灸"则以火点燃艾草，烧灼于特定穴位上，达到调理人体气血的作用。古人对针灸的研究很深，早在魏晋时期，皇甫谧已写专著《针灸甲乙经》；明代的"三大针灸巨著"（《针灸大成》《针灸大全》《针灸聚英》）更将针灸疗法推向了新的高度。如今，针灸疗法已在现代家庭医疗中发挥着重要的作用。

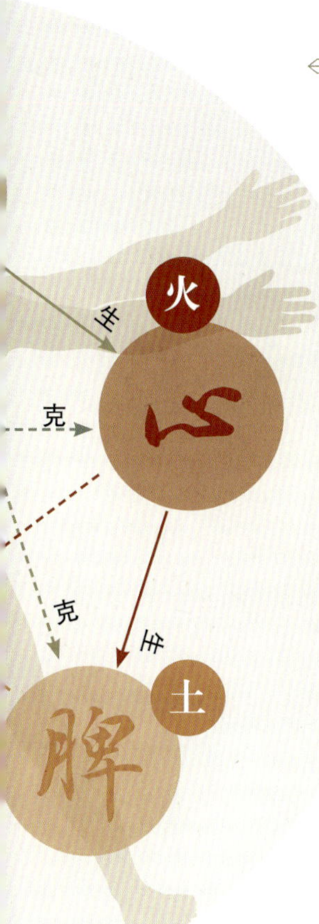

传统针具：大针、长针、毫针、圆利针、铍针、锋针、鍉针、圆针、镵针

经络学说

古代医者发现，当人体某些部位受到刺激时会产生酸麻胀痛的感觉，这种感觉会沿着一定的线路传向其他部位。医者由此断定，人体内存在复杂且有规律的通路，即"经络"。经络由经脉和络脉组成，是人体内运行气血、沟通内外、贯穿上下的通道。针灸便是通过人体经络系统这些"渠道"来平衡身体机能、调整气血甚至预防疾病的手段。

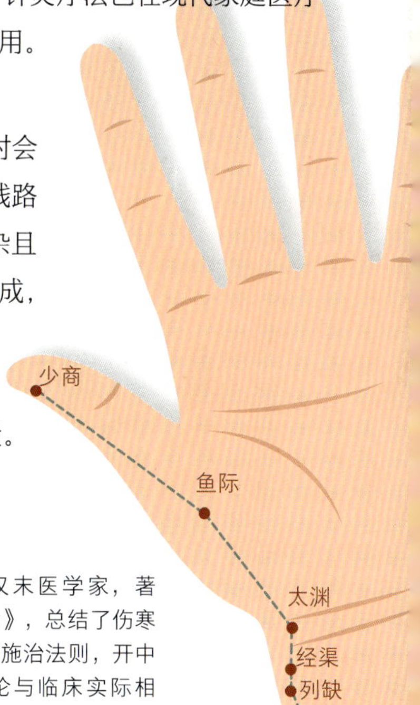

穴位：少商、鱼际、太渊、经渠、列缺

中国古代名医

华佗，汉末医学家，擅长外科手术，发明"麻沸散"，创制"五禽戏"，与董奉、张仲景并称"建安三神医"。**华佗塑像**

李时珍，明代医药学家、博物家，出身医药世家，著有《本草纲目》。他对脉学也有很深造诣，并著有《濒湖脉学》《奇经八脉考》。**李时珍塑像**

张仲景，汉末医学家，著有《伤寒杂病论》，总结了伤寒发病规律和辨证施治法则，开中国古代医学理论与临床实际相结合的先河，被尊为"医圣"。**张仲景塑像**

指尖的运筹艺术

"古人留下一座桥,这边多来那边少。少的倒比多的多,多的倒比少的少。"

上珠
位于横梁上方、用于计数的珠子,一颗代表5。

档
用来串连珠子的细杆,穿过横梁连接到上下边框。

下珠
位于横梁下方、用于计数的珠子,一颗代表1。

中国珠算

导语为我国流传很广的一道谜语,其谜底是一种非常古老的计算工具——算盘。珠算则是以算盘为工具进行加、减、乘、除及乘方、开方运算的一种计算技术。算盘呈长方形,通常由框、梁、档、珠四个基本部分组成。

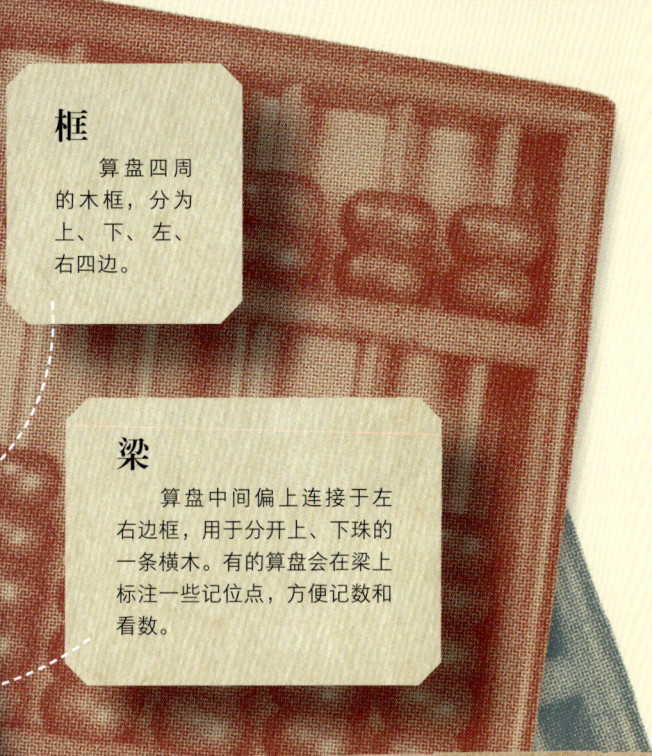

框

算盘四周的木框，分为上、下、左、右四边。

梁

算盘中间偏上连接于左右边框，用于分开上、下珠的一条横木。有的算盘会在梁上标注一些记位点，方便记数和看数。

"珠算"一词最早见于汉代徐岳的《数术记遗》，书中关于珠算是这样描述的："珠算，控带四时，经纬三才。"后世有人对此进行了注释说明，即"把木板刻为三部分，上下两部分放置游珠，中间一部分用作定位。每位五颗珠，上面的游珠一颗代表5，下面的游珠一颗代表1，上下游珠颜色不同"。虽然这与后来人们常用的算盘不一样，但这种游珠算板通常被认为是穿珠多档算盘的前身。元代时，出现了算盘主题的诗句，一些图画、元曲中也提到了"算盘"一词，这说明元代时算盘已经被应用于生活中。明朝程大位编纂了对算盘用法及珠算理论进行了系统介绍的《算法统宗》，自那时起，运用算盘进行珠算的方法开始广泛流传于全国各地。

珠算以前的世界

原始时代的人们需要每天外出狩猎或采集果实来维持生命，每次带回食物的多少使人们逐渐有了数的概念。

① 一开始，人们习惯用手指计数。

② 后来人们发现用手指计算范围有限，结果也无法保存，于是开始使用石子等作为工具代替手指进行计算。

③ 在算盘被发明之前，人们使用的是算筹，这是一种辅助运算的工具，通常用竹子、金属、兽骨等材料制成。算筹表示数目有纵横两种方式，每个数字也都有自己的表示方法。

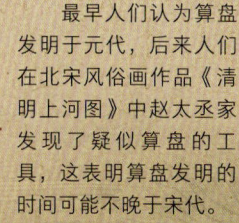

最早人们认为算盘发明于元代，后来人们在北宋风俗画作品《清明上河图》中赵太丞家发现了疑似算盘的工具，这表明算盘发明的时间可能不晚于宋代。

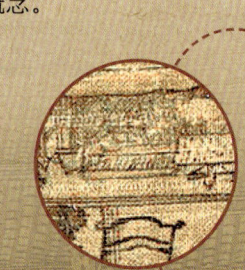

"开盘""清盘""收盘"等词也来自珠算术语。

拨珠指法

珠算运算需要兼顾拨珠计算与持笔记录结果,因此计算的速度与拨珠和记录的熟练程度直接相关。珠算拨珠法要求手指与手指之间既分工又协作,十分考验手指的灵活性。

对于大、中型算盘,一般使用三指拨珠法。该方法使用拇指、食指、中指三个手指拨珠,无名指、小指自由向掌心弯曲。单指独拨时,拇指主要负责下珠靠梁,食指主要负责下珠离梁,中指负责上珠离梁和上珠靠梁。在熟练掌握这些单指指法后,为了减少拨珠次数、提高计算效率,人们会使用两指联拨和三指联拨,有时还会使用双手拨珠法。但这些都需要在熟练掌握基本指法的前提下进行,否则只会事倍功半。

珠算四则

在珠算的四则运算中,加减法是基本方法,同时也是乘除法的计算基础。每种运算都有自己的运算口诀,用以提高运算效率,比如加法的"一上一""三下五去二",减法的"一去一""六退一还四"等。很多民间俗语都与珠算口诀密切相关,比如"会打小九九"表示私心重,"二一添作五"表示双方平分,"一推六二五"表示将责任推得干干净净。

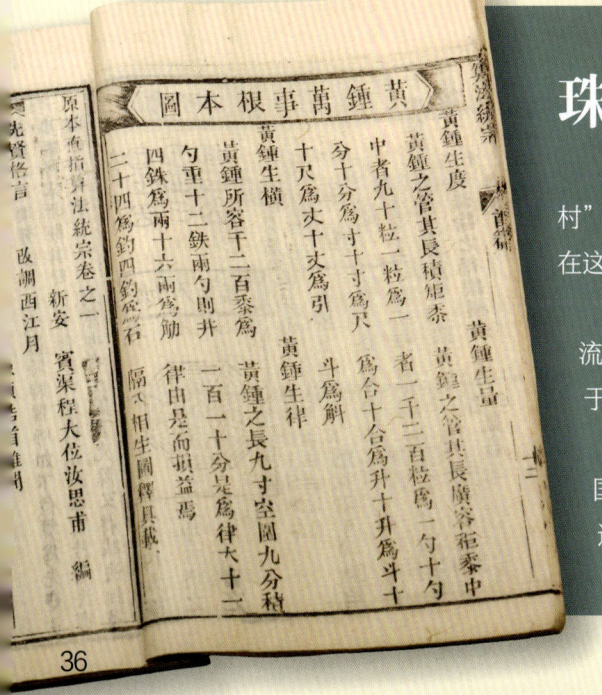

珠算大师和《算法统宗》

安徽省黄山市屯溪区屯光镇的前园村被称为"中国第一珠算村"。前园村之所以能够得此称号,是因为珠算大师程大位诞生在这里,他的巨著《算法统宗》编纂于这里。

程大位的《算法统宗》是中国古代数学史上印行数量最多、流传最广、影响最广泛的著作之一。其以珠算知识的详备著称于后世,集珠算算法之大成,对珠算知识的普及影响巨大。

前园村还拥有中国第一座公办珠算博物馆,我国关于"中国珠算"申报"人类非物质文化遗产"的倡议,最早也是从这里发出的。

中国古代数学史上的重要成就

十进制
商代甲骨文和周代钟鼎文中已见一、二、三、四、五、六、七、八、九、十、百、千、万这十三个数字记数，这说明此时古代数学家们对十进制的运用已十分熟练。

《周髀算经》
中国数理天文学著作。书中通过商高、荣芳和陈子之间的对话阐述了数学方法在测天量地、制作历法中的作用。

《九章算术》
该书分九卷，收录了约 90 条抽象性公式和算法、246 个数学问题，其中提到的分数理论、盈不足术、开方法等都为数学学科的发展奠定了基础。

圆周率
南北朝时期杰出数学家和天文学家祖冲之首次将圆周率精算到小数点后第七位，这一数值在当时世界上是最精确的。

珠心算

珠心算，全称为"珠算式心算"，这种方法摆脱了算盘实体，仅通过珠算的方法将抽象的数字转换为直观的算珠图像后在脑中进行加、减、乘、除等运算。珠心算是珠算的发展与延伸，如果想要学习珠心算，就要先学习珠算的运算方法。很多专家认为，珠心算练习是开发智力的有效训练方式。

世界上最古老的计算机

算盘有着"世界上最古老的计算机"的称号。在算盘与珠算被发明后，人们对于计算工具的探索并未停止。1642 年，法国数学家帕斯卡发明了人类历史上第一台机械式计算工具——帕斯卡加法器，这种机器可以通过转动齿轮的方式来实现加减法运算。紧接着，德国数学家莱布尼茨对帕斯卡加法器进行了改进，研制出了一台能进行加减乘除四则运算的机械式计算器，这种计算器用手摇的形式代替了原来拨动齿轮的操作。之后，随着电力工具的发展，电子计算器出现了。虽然当时小型电子计算器还未普及，但相比之前的计算器，运算速度快和运算精度高两大特点已经使其受到大众青睐。除此之外，电子计算机自 1946 年问世以来，也在代代更新，它的功能已经不只计算一种，几乎渗入人类所有领域，为整个社会带来便利。

虽然在现代社会，珠算和算盘几乎完全被计算器和计算机取代，但其与计算机一脉相承的思想内核仍是古人智慧的结晶，需要受到尊重与保护。

世界第一台机械式计算工具：帕斯卡加法器

为了纪念第十届国际会计师会议在国内召开，澳大利亚曾在 1972 年发行过一枚算盘邮票。邮票采用了算盘和计算机元素，展示了算盘与计算机之间的密切关系。

孩子一定要知道的

中国国粹

其他国粹精选

民族乐器

中秋节坊
长命锁牌
越居

京剧、武术、中医、书法、国画、刺绣……

中国国粹是中国固有文化精髓的代表，是华夏文明这本大书中最灿烂辉煌的一页。

其以鲜明的个性展现着中华民族传统文化独特的内涵，散发出无穷的生命力和永恒的魅力。

它们是华夏民族的精神之火，是民族自信的力量之源，更是中国文化走向世界、放彩全球的标志性符号。

孩子一定要知道的 中国国粹

（共4册）

雅韵千年

《图说天下》编委会 ◎编著

甘肃少年儿童出版社

目录

Contents

4 千秋笔意，翰墨流芳
书法

8 方寸之间见真章
篆刻

22 宋代文学之盛
宋词

24 方寸之地的博弈
围棋　象棋

30 坚利与温润的化身
玉

32 "东方树叶"的辉煌
中国茶

12
丹青意远，妙笔生花
中国画

16
丝竹之音，推琴为首
古琴艺术

20
风雅绝代
唐诗

26
专题 琼浆玉液醉流霞

28
清风坐向罗衫起
扇子

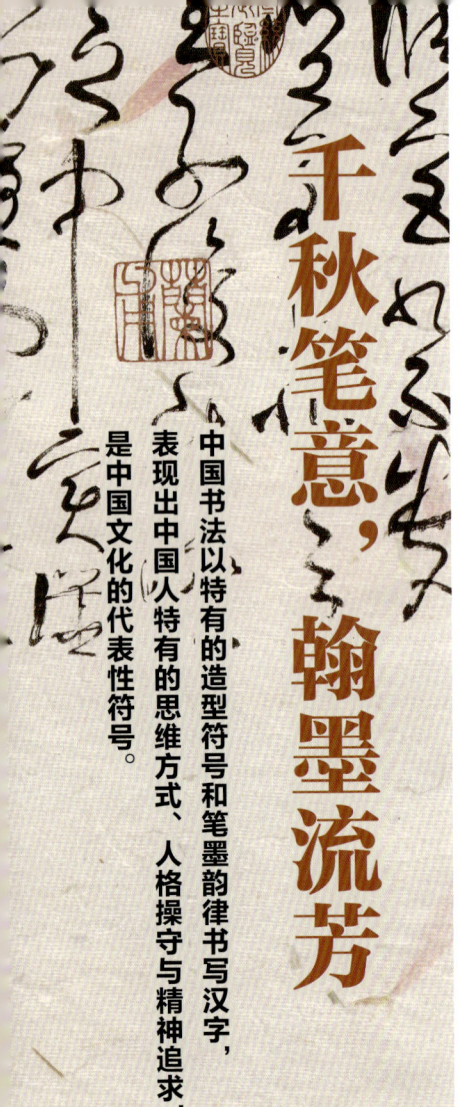

千秋笔意，翰墨流芳

中国书法以特有的造型符号和笔墨韵律书写汉字，表现出中国人特有的思维方式、人格操守与精神追求，是中国文化的代表性符号。

中国书法伴随着汉字的产生与演变而发展，至今已有3000多年的历史。它是一种以毛笔为书写工具、表现汉字之美的艺术形式，既有语言文字所具有的实用功能，又有欣赏价值，更承载着中华民族几千年来厚德载物、自强不息的民族精神。在世界美术史上，能让文字书写成为主流艺术的也唯有中国书法。

篆书

篆书狭义上指"大篆"和"小篆"。秦统一六国后以小篆为标准字体。小篆笔画粗细均匀，线条圆润流畅，具有简洁、典雅之美。

书体的演变

在人们书写汉字的过程中，汉字的书体也演变出多种形态，各有其风格与艺术特征。

清·陈澧·篆书

清·姚元之·隶书册

唐·颜真卿·多宝塔

① **cè 侧（点）**
写点时需要将笔锋侧过来，轻轻顿笔，顺势出锋。

② **lè 勒（横）**
写横时，起笔和收笔处都要勒住笔锋，缓去急回。

③ **nǔ 弩（竖）**
写竖时不宜写得太过挺直，否则会显得僵硬无力。

隶书

隶书早在战国晚期已形成，秦汉时字形产生了一些变化。隶书艺术以两汉成就最高。与篆书相比，隶书扁平、工整。

楷书

楷书始于汉末，由隶书发展演变而来，自魏晋时期一直通用至今，也称"正书""真书"。楷书的特点是笔画平整、字形方正。

草书

草书是为书写便捷而产生的书体，始于汉初，最早脱胎于隶书，后来逐渐产生了章草、今草、狂草等多种形式，字形变化繁多。

行书

行书是介于草书与楷书之间的一种书体，既不像草书那样潦草，也不如楷书那样端正。相传行书始于汉末，流传至今。

永字八法

古人以"永"字为例，阐述楷书常用八种笔画的用笔方法，称之为"永字八法"。"八法"分别为侧、勒、弩、趯、策、掠、啄、磔，依次对应着点、横、竖、钩、提、长撇、短撇、捺八种笔画。这八种笔画包括八个书写方向，基本上可以代表汉字的所有笔画。

关于永字八法的来源有多种说法，其中一种说法是：由于唐太宗李世民推崇王羲之的书法风格，并将《兰亭集序》推为王羲之书迹之首，使王羲之在唐初被尊为"书圣"，当时的人们就取《兰亭集序》的第一字"永"字作为例证论述自己的书法理论，以此显示自己的观点可信。

唐宋以后，永字八法传播甚广，古籍中常用"八法"一词指代书法。

唐·张旭·草书古诗四帖

明·文徵明·行书新秋诗轴

④ tì 趯（钩）

写钩时需要突然提笔，让力量集中在笔尖。

⑤ cè 策（提）

写提时，要逆锋起笔，向右上方发力。

⑥ lüè 掠（长撇）

写长撇时，起笔和写竖相同，出锋时要送出力道。

⑦ zhuó 啄（短撇）

写短撇时，笔锋向左，要快而峻利。

⑧ zhé 磔（捺）

磔就像曲折的水波，要轻轻落笔，逐渐加粗，到末尾收锋。

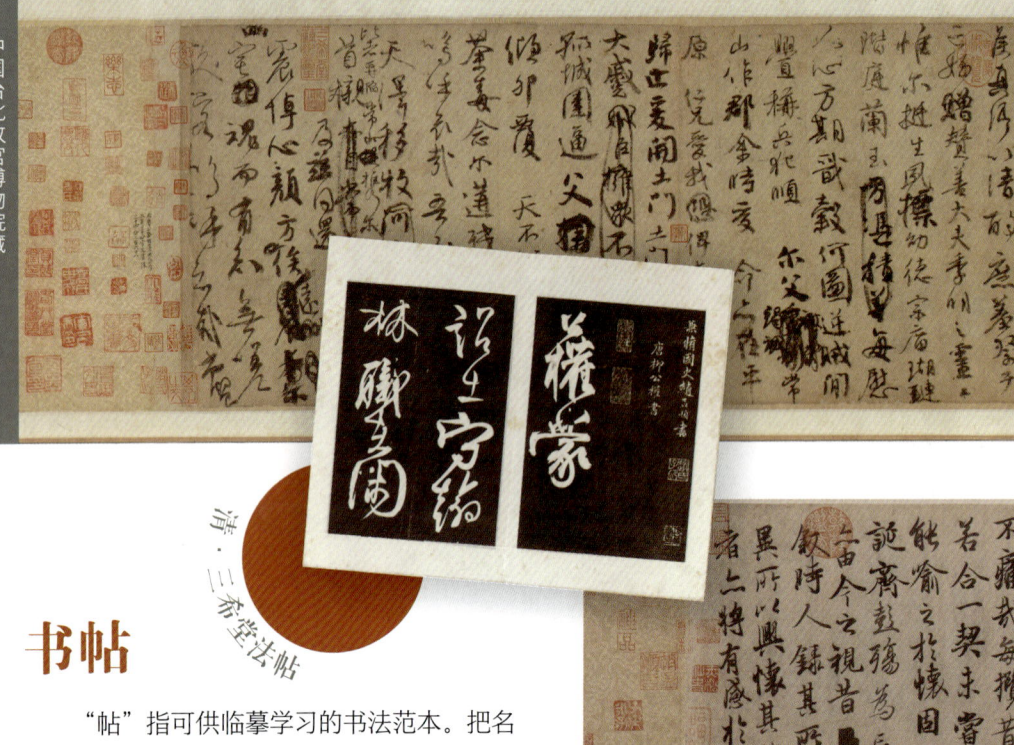

清·三希堂法帖

故宫博物院藏

书帖

"帖"指可供临摹学习的书法范本。把名家书法作品汇编印成拓本，也称为"帖"。清代乾隆帝喜好书画，曾将其最珍爱的王羲之《快雪晴时帖》、王献之《中秋帖》和王珣《伯远帖》合称"三希"，并在故宫养心殿内辟专室收藏，名"三希堂"。

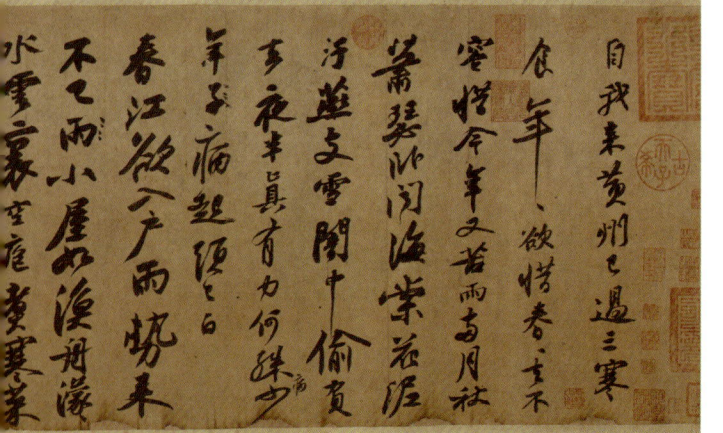

《寒食帖》（局部）[宋]苏轼 书

苏轼不仅是著名的文学家，也被誉为宋代四大书法家之首。他20余岁便中了进士，却一生仕途坎坷。《寒食帖》是他被贬黄州期间所作，被誉为"天下第三行书"。苏轼的书法不拘一格，自由肆意。帖中的"年""中"等字竖笔很长，形成了一种特殊的行间布白。

中国台北故宫博物院藏

6

《祭侄文稿》［唐］颜真卿 书

故宫博物院藏

唐代书法家颜真卿素来以楷书闻名，他的楷书庄严雄浑，大气磅礴，被称为"颜体"。但这幅略显潦草的《祭侄文稿》看起来却与他的楷书大不相同。安史之乱爆发后，颜真卿与堂兄颜杲（gǎo）卿联手抵抗叛军，然而堂兄与侄子颜季明都在战争中失去了生命。怀着悲愤的心情，颜真卿写下了这幅著名的《祭侄文稿》。

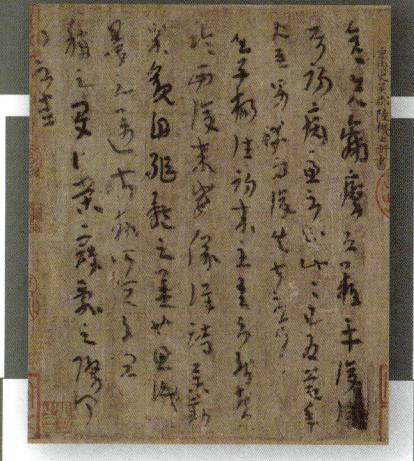

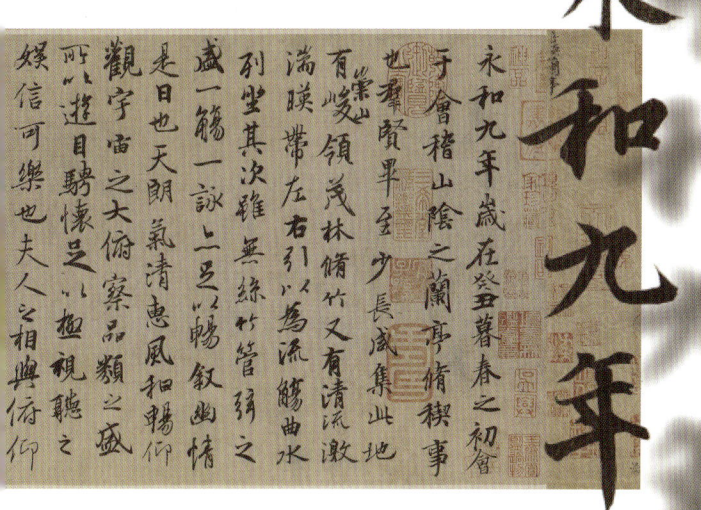

《平复帖》［晋］陆机 书

晋代文人士大夫喜好书法，他们所写的内容很多并不是典籍文章，而是日常的书信。这幅《平复帖》是目前已知中国古代存世最早的名人墨迹，是西晋文学家陆机写给朋友的信件。因开头有"恐难平复"字样，后人取其中"平复"二字，称之为《平复帖》。它的风格平淡质朴，笔意婉转，所用书体为草隶书，对研究文字和书法变迁也有着重要意义。

陆机是三国时期吴国名将陆逊的后人，曾以文才倾动一时，最终却因兵败遭受谗言而身死。《平复帖》是陆机跌宕起伏的人生落幕之后，留下的唯一墨迹。

《兰亭集序》神龙本
［晋］王羲之 书，［唐］冯承素 摹

永和九年举办于会稽山阴的这一场名士聚会，因王羲之的《兰亭集序》而千古流芳。它既是一篇脍炙人口的文章，也是一幅著名的行书作品，如今原稿已经失传。这幅摹本既有双勾填色的痕迹，又显露出临写的特点。冯承素采用摹临结合的方式，既保留了原稿的特点，又显得自然、生动，被认为是最接近原稿的唐代摹本。因卷首有唐中宗年号"神龙"印，世称"神龙本"。

7

方寸之间见真章

篆刻

中国篆刻至今已有 3000 多年的历史，
文人在方寸大小的印章上，
自由酣畅地展现着汉字之美。

篆刻是具有艺术价值的印章镌刻，因古代印章多以篆书刻成而得名。
篆刻艺术是由印章制作技艺发展而来的，它以印章为载体，对文字进行艺术化的设计。

印章中的历史

自商周时代起,中国就存在着一种几乎无处不在的文化现象——印章的制作和使用。虽然中国并非世界上最早开始使用印章的国家,但在商周到近现代的数千年间,中国的印章无论是使用的范围、存世的数量,还是内容和载体的丰富、艺术水平,都已远远超过其他国家。

秦代以前,无论主人身份如何,印章都被统称为"玺",所以古老的印章也被称为"古玺""玺印"。秦始皇统一中国后,规定"玺"专指皇帝的印章,其他人的印章只能称为"印"。唐代以后,也把皇帝的印章称为"宝"。

印章曾经只是纯粹的实用物。它是一种凭证的信物,代表着印章主人的身份。汉代及以前,玺印主要的用途是封发物件和简牍,在封泥上印出印文,以防在运送的途中有人私自拆封。后来,随着书写材料改为纸、帛等薄片,人们渐渐不再使用封泥,而是改为蘸取朱红色的印泥盖章。中国古代的玺印,尤其是官印中,包含着大量的职官与地理资料,具有重要的史料价值。

宋元以来,人们开始把印章作为一种艺术品来创作和欣赏,篆刻艺术的时代到来了。自元代起,印章的材料以石料为主,因镌刻方便,文人常常自篆自刻,且把篆刻与书画结合在一起。明清以来,更是涌现了很多篆刻家和流派。

> 除君王以外,官员也有自己的官印,由专门机构和官员负责制作颁发。官印是权力的象征,"夺印""解印绶"等词语常常被用于指代官员的罢免。

多样的印章

印章的形状多种多样,既有正方形、长方形、圆形、椭圆形等,也有葫芦形、柿蒂形、不规则形等。印章的材料也是五花八门,古代多用铜、银、金、玉等制作印章,也用牙、角、木、水晶等。铜章等金属印章,需要先刻章模,然后铸造;石、牙、角等材质的印章,则直接用刀镌刻。元代石章逐渐盛行,田黄石、鸡血石和芙蓉石名冠诸品,世有"印石三宝"称誉。

不一般的红

印泥也叫"印色""印肉",是中国特有的文房之宝。最常见的印泥颜色是深红色,此外也有黑色、蓝色等。制作印泥的主要原料是朱砂、麝香、冰片等,有些名贵的印泥配方中还会加入珊瑚、红宝石等。

把印章均匀地蘸上印泥,经过充分按压,印于纸上、书画上,留下的与印章表面相反的痕迹,被称为"印蜕"。一个完美的印蜕,形状饱满,颜色鲜明,边界清晰。

9

篆刻三法

虽然脱胎于印章的中国篆刻仍旧使用着古老的篆体,但这门艺术一直与时俱进地发展。篆刻艺术包含三个重要的方面,也被称为"篆刻三法",分别是篆法、章法、刀法。只有这三者齐备,才能造就一件艺术品。

篆法

篆法指印章文字的书法,因为篆刻多用篆体,所以称之为"篆法"。先秦各诸侯国使用的文字写法并不相同,秦始皇统一六国后才下令统一文字为"小篆"。在此之前,周代所用的籀(zhòu)文、青铜器上镌刻的金文等字体,统称为"大篆"。这些书体在书写时必须加以区分,选择正确的字形,不能混用。

古代名印章

印章是古人身份的证明。这些材质不同的印章或出土于古代墓葬,或作为国宝代代珍藏。它们曾被持握在王公贵族手中,承载着一段历史,也见证过一个时代的变迁。

田黄石三联印

这个造型独特的三联印由一整块田黄石雕刻而成,工艺精湛,不仅深受主人乾隆皇帝的青睐,也是历代珍藏的宝物,末代皇帝溥仪被逐出宫时还带上了它。三枚印章上的文字分别为"乾隆宸翰""乐天""惟精惟一",其中两枚为阳刻,一枚为阴刻。

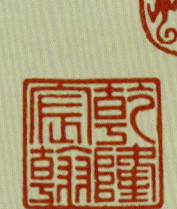

"皇后之玺"玉玺

这枚玉玺发现于陕西省,是汉代皇后的玺印。有专家认为,它的主人很可能是汉高祖刘邦的皇后吕后。这是目前发现的最重要的古玺之一。

"文帝行玺"金印

这枚金印是我国目前考古发现的最大的西汉金印,也是唯一的汉代龙纽帝玺,它的主人是南越王赵眜(mò)。这方玺印表明他在生前就自尊为"文帝"。

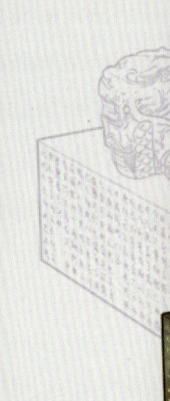

章法

章法指篆刻中文字的安排与布局。与书法不同，印章上可供艺术家发挥的空间很小。下刀之前，艺术家需要先根据印章的形状、文字数量、笔画疏密等多种因素，设计出一份和谐均衡的印稿，有时甚至会反复设计出几版。为了布局的美观，可以适当对笔画进行一些扭曲，有时也会把一些部首移位，甚至会对一些字的笔画进行增减。

刀法

刀法是指镌刻印章时运刀的方法。艺术家会根据材料的质地、印石的大小、文字笔画的疏密等具体情况，采用合适的用刀速度、动作幅度、力量等，刻刀就是他们得心应手的笔，刻在章上的每一刀就如同书法中的一笔一画，蕴含着他们的精心设计，刻刀因此也有了"铁笔"之称。

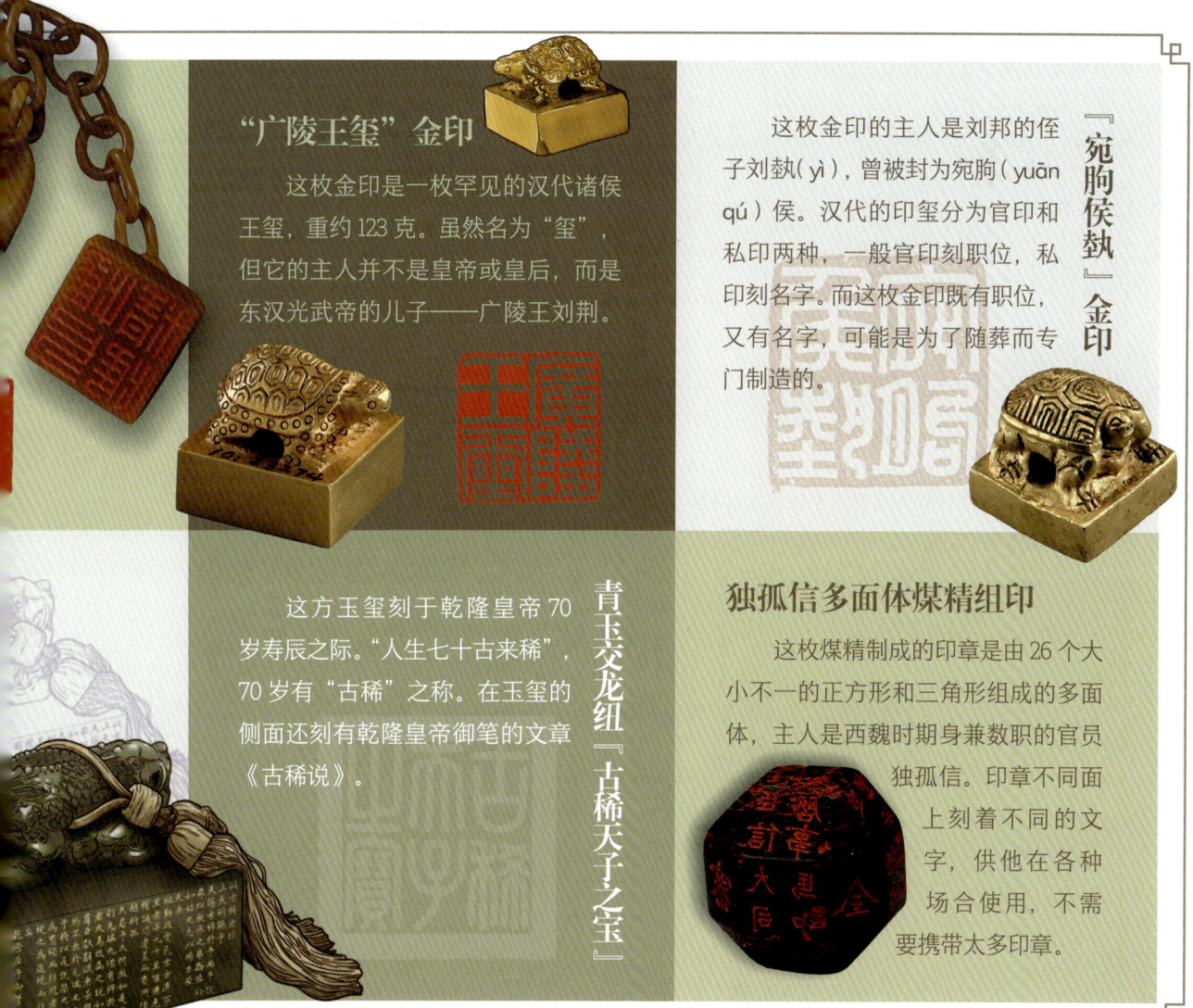

"广陵王玺"金印

这枚金印是一枚罕见的汉代诸侯王玺，重约123克。虽然名为"玺"，但它的主人并不是皇帝或皇后，而是东汉光武帝的儿子——广陵王刘荆。

『宛朐侯埶』金印

这枚金印的主人是刘邦的侄子刘埶（yì），曾被封为宛朐（yuān qú）侯。汉代的印玺分为官印和私印两种，一般官印刻职位，私印刻名字。而这枚金印既有职位，又有名字，可能是为了随葬而专门制造的。

青玉交龙纽『古稀天子之宝』

这方玉玺刻于乾隆皇帝70岁寿辰之际。"人生七十古来稀"，70岁有"古稀"之称。在玉玺的侧面还刻有乾隆皇帝御笔的文章《古稀说》。

独孤信多面体煤精组印

这枚煤精制成的印章是由26个大小不一的正方形和三角形组成的多面体，主人是西魏时期身兼多职的官员独孤信。印章不同面上刻着不同的文字，供他在各种场合使用，不需要携带太多印章。

丹青意远，妙笔生花

元代书法家溥光称赞《千里江山图》："在古今丹青小景中，自可独步千载，殆众星之孤月耳。"

"起大早，排长队，大门一开冲前位。"这样的景象发生在 2017 年的故宫，因为这一天，故宫年度大展《千里江山——历代青绿山水画特展》拉开了帷幕。由此，一段关于传世名画《千里江山图》的神秘面纱即将揭开。

天才少年王希孟

900 多年前，一位 18 岁的天才少年创作了一幅震古烁今的青绿山水画，从此名扬天下，他就是王希孟，他创作的这幅《千里江山图》被后世誉为中国传世名画之一。王希孟从小酷爱画画，他很小的时候就进入画院做了学徒，后来爱好绘画的皇帝宋徽宗发现他是一个天才，于是亲自教他绘画技法。半年后，王希孟便创作了《千里江山图》。令人惋惜的是，王希孟完成这幅旷世佳作后不久，便去世了。

珍贵的材料

《清明上河图》是一幅很长的风俗画。可是你知道吗？《千里江山图》比两幅《清明上河图》接起来还要长。这么长的画幅竟使用了珍贵的桑蚕丝作为画布，大多数画家没有太多经验的话，可能不太敢下笔。但 18 岁的王希孟后生可畏，大笔一挥，用珍贵的矿物质颜料在上面叠了 5 层。这些珍贵的矿物质颜料，在当时堪比黄金。经专家考究，画上小小渔夫穿的衣服，都是用上等的砗磲（chē qú）反复研磨之后上的色。正是因为使用了矿物质颜料，才使得这幅画虽历经千年，仍然色泽鲜亮。

"三远"的构图意境

宋代郭熙在他的画论《林泉高致》里，提出中国山水画的"三远"——"自山下而仰山巅，谓之高远；自山前而窥山后，谓之深远；自近山而望远山，谓之平远。"这一理论对后世山水画的创作影响颇深，若能做到其中一种，便已经是不凡之作了。但这个18岁的少年却将这"三远"运用得出神入化，给人强烈的心灵震撼。

高远

深远

平远

① ② ③

高远
当我们把自己缩小，置身于这幅画的山脚下，山峦雄峰如一堵巨墙横亘在眼前。这就是"高远"，强调的是山的高度。

深远
当我们向山林深处走去，重峦叠嶂仿佛是探索不尽的迷宫。这就是"深远"，它强调的是山的深度。

平远
当我们登上山顶，看到远处的群山与天边相接，并逐渐隐匿于云雾之中。这就是"平远"，强调的是山的广度。

宋·赵伯驹《江山秋色图》

宋代有两幅"江山图"很有名，一幅是《千里江山图》，另一幅是《江山秋色图》。它们都是青绿设色，但也有很多不同之处，比如《江山秋色图》里的山峰更陡峭，有的像老虎的脊梁，有的像龙的身躯。在这幅画里，你几乎能找到中国所有的山水田园诗："山重水复疑无路，柳暗花明又一村""客路青山外，行舟绿水前"……

山间急流飞瀑设以白色，表现其动感。

一路行人走在山间的桥上，似有一头驴正在发脾气，队伍后面两个骑驴子的人正在倾身交谈。

画中树木众多，以松树最多。树干苍健有力，出枝繁密，形态丰富，可见画家观察力之敏锐。

这座山如同"飞龙在天"

原来是皇室宗亲

在宋朝，"赵"是个挺特殊的姓氏，因为宋朝开国君主是宋太祖赵匡胤，所以"赵"就是国姓了。赵伯驹也的确和宋王室有着密切的关系。起初，因为赵伯驹画扇面画得很好，宋高宗赵构很是喜欢，便点名召见了他，仔细一问发现，赵伯驹是太祖皇帝赵匡胤的第七世孙，算起来还是赵构的皇叔呢。

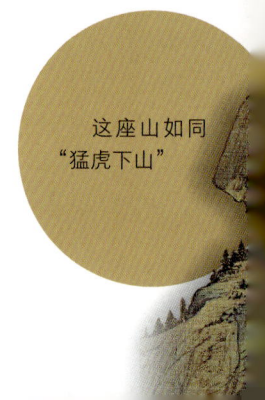

这座山如同"猛虎下山"

更加巍峨的山峰

赵伯驹笔下的"江山秋色"也用矿物颜料晕染，他画的山，山势曲折、层峦叠嶂，表现出了北方大山大水的壮观。从颜色上看，该画是在水墨渲染的基础上略施青绿，而《千里江山图》里的山峰线条就舒缓得多，色彩也更加浓郁。

以石青设色表现出宽阔湖面的明亮和清澈，使得不同环境中的水色呈现不同的变化，更显灵动。

藏在画里的哀愁

《江山秋色图》描绘了深秋时节的山川郊野，画面中的山岭层峦叠嶂，苍松古树点缀其间。三三两两的步行者流连在山野之间，艄公正在江上张网摇船，劳累的过路人停下脚步在树下休息。在这样的景色中，我们也仿佛随着作者的画笔到山林里游览了一趟。然而，这幅画虽然呈现出一片太平、悠闲的景象，但赵伯驹创作这幅作品时正身居江南，据专家分析，画家对北方山河的细致描绘也或多或少表达出对故土的思念之情。

15

丝竹之音 推琴为首

作为传统文化中的"四艺"之首，古琴的价值不仅仅在于制琴或弹奏本身，更在于其背后所蕴含的精神文化底蕴。

古琴是中国最古老的弹拨乐器之一，又称玉琴、瑶琴、七弦琴，有"国乐之父""圣人之器"的美称。相传古琴最初只有五根弦，分别代表五行的金、木、水、火、土，又能够与宫、商、角、徵、羽五音对应。相传，周文王因思念儿子伯邑考，于是为古琴加了一根弦，称为"文弦"；周武王伐纣时，又为古琴加了一根"武弦"，史称"文武七弦琴"。文献中关于古琴的传说还有很多，虽然人们对于古琴的起源众说纷纭，但不可否认的是，在中国浩瀚的历史长河中，古琴在古人的艺术生活中扮演着非常重要的角色。

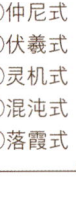

多样的形制

古琴的形制并不是一成不变的，它的形制体现了中国古代文化深厚底蕴和时代艺术审美。其外观崇尚自然，面圆而底平，象征天圆地方。每一处设计，不仅关乎音乐性能，更承载着丰富的文化象征，和哲学思想。

古琴造型优美，常见的为伏羲式、仲尼式、连珠式、落霞式、灵机式、师旷式等。

① 仲尼式
② 伏羲式
③ 灵机式
④ 混沌式
⑤ 落霞式

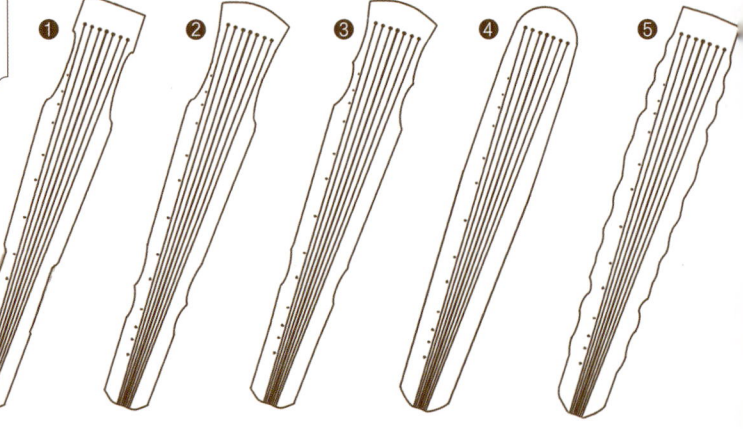

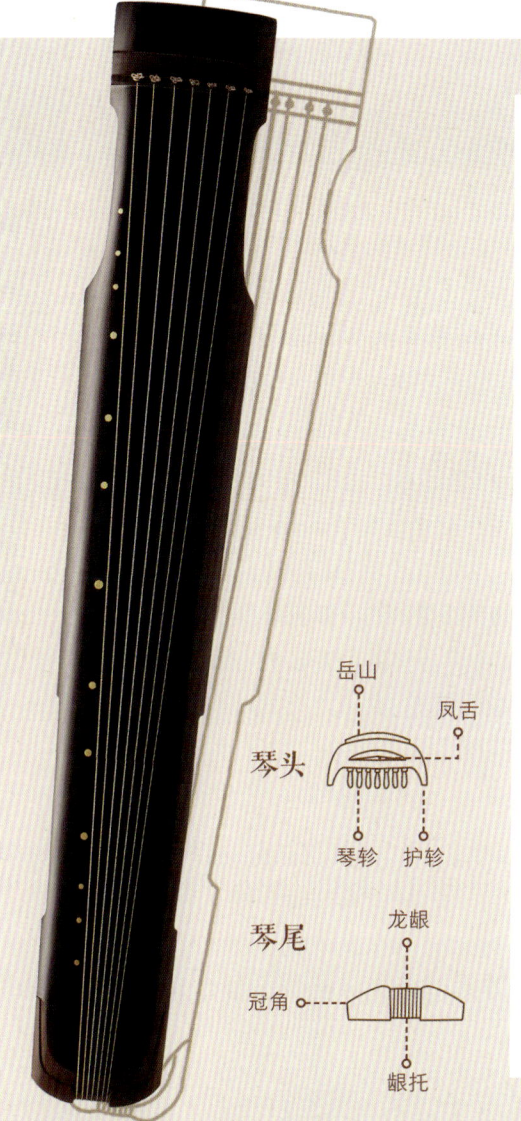

细看古琴

虽然古琴有不同形制，但其整体结构大致相同，分为额、项、肩、腰等部分，包括龙池、凤沼、岳山、护轸（zhěn）等构件。

为保证充分振动，琴面面板一般采用杉木或桐木为料，而琴底一般多用梓木等硬质木料。琴头上部称为额，额下方用以架弦的硬木是古琴最高的地方，被称为"岳山"。岳山附近有七个弦眼用以穿系琴弦，其下是用于调音的琴轸。琴头处还设有护轸，与雁足一同起到支撑琴身的作用。琴底的中部和尾部各有一收音孔，中部稍大的称为"龙池"，尾部偏小的称为"凤沼"，取有龙有凤之意，象征天地万物。

① 相传仲尼式为孔子所造，其造型简洁，除颈部和腰部有两对凹陷外无其他修饰，体现了儒家的中庸思想。

② "伏羲见凤集于桐，乃象其形……制以为琴。"伏羲式弧度精巧，音宽阔悠远。

③ 灵机式造型灵秀优雅，琴体修长，通体有飘逸的姿态。

④ 混沌式受道家思想影响，造型简单，圆润古朴，取天地混沌初开之意。

⑤ 落霞式相传为古人观晚霞后所创，其造型变化感强，声音雄浑透亮，有水天相接的壮阔之感。

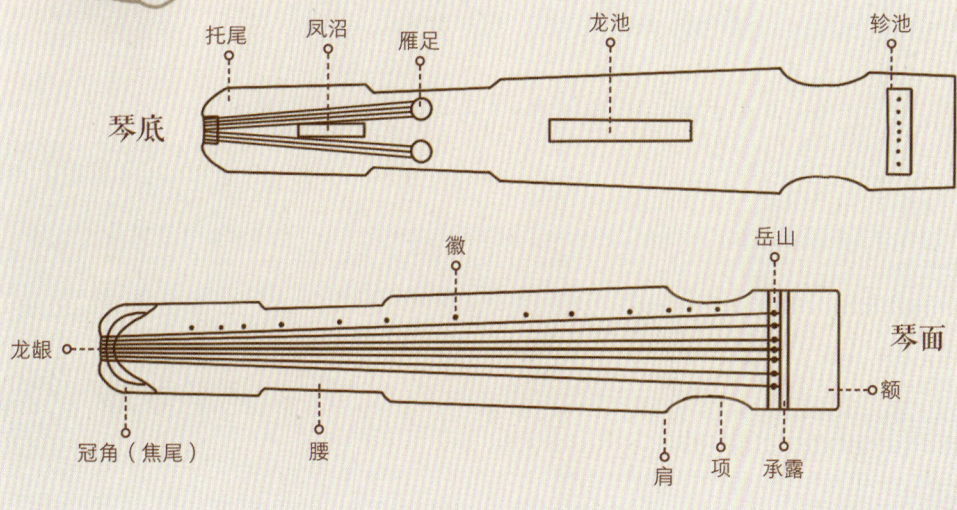

减字谱

在琴谱出现之前，学琴主要依靠师徒之间一曲一曲的口授心传。渐渐地，为了方便记忆，琴师们便将整首琴曲中的每个音用哪种指法、弹哪个徽位依次用文字的形式记录下来，这就是文字谱。文字谱既要记录左右手指法，又要标记音乐节奏和情绪，因此通常描述一个音就需要很多字，比如现存最早的古琴文字谱《碣石调·幽兰》中第一句的内容为：

耶卧中指上半寸许案商食指中指双牵宫商中指急下与拘俱下十三下一寸许住末商起食指散缓半扶宫商食指挑商又半扶宫商纵容下无名於十三外一寸许案商角於商角即作两半扶挟挑声

文字谱不管是记起来还是读起来都十分烦琐复杂，于是唐朝时，有人依据文字谱的思想，将指法文字简化，并将简化后的减字进行组合，发明了减字谱。减字谱简单明了，其发明使得大量琴曲、琴谱得以流传至今。

通过减字谱，人们可以读出音位、弦序等信息，却无法明确读出节奏。就此，前人曾做过不少尝试。清代张鹤曾通过在纵向书写的减字谱旁加注的形式说明节奏，20 世纪末也曾出现借助五线谱补充减字谱的方法。这些做法有效解决了节奏问题，但很多人认为这也会导致减字谱的传统谱式审美的丧失。

减字谱由指法减字和音位徽位等组成。每个字上部分代表左手用指及所按徽位，下部分为右手指法和弦名。如上图大字代表的意思是"左手大指按七弦九徽，右手挑七弦"。

四指八法

在古琴演奏中，右手有八种指法，即抹、挑、勾、剔、打、摘、擘、托。这八种指法在古琴曲谱中使用最多，它们是右手指法的基础，也是古琴演奏中右手指法最重要的构成部分，因此，这八种指法被称为"四指八法"。

食指向内为"抹"、向外为"挑"，中指向内为"勾"、向外为"剔"，无名指向内为"打"、向外为"摘"，大指向内为"擘"、向外为"托"。将这八种指法随意组合，就能构成右手其他指法，因此，"八法"对于古琴的学习十分重要。

古琴十大名曲

千百年来，古琴留下了大量的传世曲谱，仅明清两代就刊印了150多部以古琴减字谱记录的琴谱。迄今为止，历代古琴谱记载共计3000多首琴曲，除去同名不同版本的也有600多首。《潇湘水云》《广陵散》《高山流水》《渔樵问答》《平沙落雁》《阳春白雪》《胡笳十八拍》《阳关三叠》《梅花三弄》《醉渔唱晚》是流传最广的古琴十大传统名曲。这十首曲目风格各异：有的委婉哀伤，表达游子凄楚；有的开放洒脱，抒发对渔樵生活的向往；有的曲调激昂，展示出不惧死亡的勇敢……但无论什么风格，在低沉深远的古琴琴音的渲染下，都同样具有打动人心的强大力量。

三种音色

除右手的"四指八法"外，古琴还可以通过不同指法塑造出三种不同的音色——泛音、散音和按音，这三种音色相互协调，造就了古琴音质古朴绵长、余味无穷的特点。

泛音

泛音是以左手轻触徽位的同时右手配合弹奏发出的。泛音空灵清冷，隐约可闻，犹如天籁之音，因此又被称为"天声"。

散音

散音是指左手不压弦而只用右手弹奏的空弦音，声音深厚有力，就像大地一样坚固，因此被称为"地声"。

按音

按音是以左手按琴弦，右手同时弹奏发出的，其声音婉转悠扬，似人在吟唱，因此又被称为"人声"。按音可通过移动按指、改变弦长的方式改变音高。

三种音色相互配合，才能创造出风格多变、情感丰富的古琴曲。

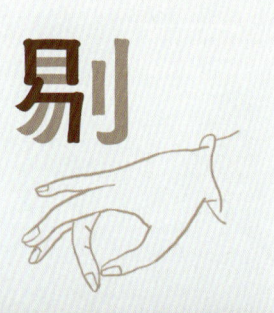
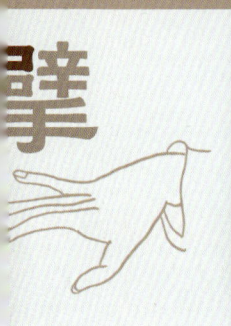

风雅绝代

[唐]周昉《簪花仕女图》中人物

唐朝是中国古典诗歌发展史上的黄金时代。据统计，清人编辑的《全唐诗》收录了2837位唐代诗人的49403首诗。

诗歌是唐朝文学的主体内容。唐朝诗坛气象万千，名家辈出，诗歌题材丰富，字里行间展现的尽是大唐王朝的盛衰荣辱。

初唐

王勃、骆宾王、杨炯、卢照邻少年时就有"四杰"的美誉。他们的作品一反南朝以来的绮丽萎靡之风，更趋向于面向广阔的社会生活，痛快淋漓地抒发自己建功立业的豪情壮志，感叹人生的悲欢离合。不仅拓宽了诗歌的视野，而且使诗歌题材从亭台楼榭走向了山川大漠，开启一代新诗风。

大鹏一日同风起，扶摇直上九万里。
——《上李邕》

天生我材必有用，千金散尽还复来。
——《将进酒》

仰天大笑出门去，我辈岂是蓬蒿人。
——《南陵别儿童入京》

盛唐

唐玄宗时期是唐诗最繁荣的时代，诗坛群星璀璨，风格迥异，流派纷呈。其中，李白和杜甫无疑是最闪耀的两颗明星。

李白的诗充满奇思妙想，其风格飘逸洒脱、不拘一格，因而有"诗仙"的称号。李白有治国辅政的抱负，却苦于没有入仕机会。42岁前，李白游历山川名胜，把自己的见闻和理想都写进诗里，终于得到唐玄宗的青睐。李白欣然入朝，想一展抱负，却发现唐玄宗只需要自己写诗夸耀盛世、赞美贵妃而已，加之遭受权贵的排挤，无奈离开了朝堂。

李白的人生看似奔放洒脱、逍遥不羁，其实他的诗中充斥的多是他怀才不遇的苦闷与不甘。即便如此，他仍旧是大唐最闪亮的"标签"之一！

大唐的骄傲 李白

李白像

如果说李白是一匹奔放不羁的天马，那杜甫就是一头脚踏实地的老牛，他以老成稳健、词句工整的诗风独当现实主义一派。杜甫的前半生过得比较优裕，而"安史之乱"造就了他悲惨的后半生。从长安的落魄十年到蜀地的颠沛八年，之后辗转于湖北、湖南，杜甫看尽了唐政权腐朽的本质，目睹世间百态炎凉，并把这些都写进诗里，成了唐王朝由盛转衰的真实写照。因而他的诗被称为"诗史"，而他则被冠以"诗圣"的称号。

史诗级别的诗和人 杜甫

杜甫陶瓷雕像

登高
[唐]杜甫

风急天高猿啸哀，渚清沙白鸟飞回。无边落木萧萧下，不尽长江滚滚来。万里悲秋常作客，百年多病独登台。艰难苦恨繁霜鬓，潦倒新停浊酒杯。

中唐

唐朝从代、文二宗开始没落，朝纲不振，诗坛唱衰。尽管有刘长卿、韦应物等人的诗作独领风骚于一时，却已没有了盛唐诗歌的恢宏大气。白居易、元稹等人倡导"新乐府运动"，热衷于作针砭时弊的讽喻诗；刘禹锡的诗句饱含浓厚的生活气息。他们的作品最能体现中唐诗坛求索创新的精神。

江南春绝句
[唐]杜牧

千里莺啼绿映红，
水村山郭酒旗风。
南朝四百八十寺，
多少楼台烟雨中。

天才少年的非凡人生 杜牧

杜牧像

杜牧读书的时候对兵法极有兴趣。时逢唐武宗削藩，不到20岁的杜牧献出平虏之策，帮宰相李德裕大获全胜，自此成名。23岁时，杜牧写下《阿房宫赋》，25岁作《感怀诗》，26岁进士及第，在诗、赋、古文方面都有很高的造诣。

晚唐

自唐武宗始，唐王朝颓势日显，诗人难免伤时忧国，如杜牧、李商隐、皮日休和杜荀鹤等人的诗直面民间疾苦，广为流传。

宋代文学之盛

词在唐代兴起之时，未能与诗抗衡，到了宋代，却以崭新的面目发展成为一代文学之盛

在宋代，随着城市经济的繁荣、市民阶层的扩大和审美情趣的多元化，长短句诗体大行其道。由于文人雅士的介入，源于市井歌谣的词逐渐雅化，向精致、婉约的方向发展。

声声慢
[宋]李清照

寻寻觅觅，冷冷清清，
凄凄惨惨戚戚。
乍暖还寒时候，最难将息。
三杯两盏淡酒，
怎敌他、晚来风急！
雁过也，正伤心，
却是旧时相识。
满地黄花堆积，
憔悴损，如今有谁堪摘？
守着窗儿，独自怎生得黑。
梧桐更兼细雨，
到黄昏、点点滴滴。
这次第，怎一个愁字了得。

婉约派

宋代词作中婉约之风以柔美、婉曲、隐约、微妙为特点，讲究音律和语言的和谐、意境营造的空灵飘逸和情趣表达的迂回婉转，内容多为男女情爱、离愁别绪、伤春悲秋。婉约之风是宋代词坛的主流，在宋词发展过程中，讲求"阴柔"的婉约一派占据着相当突出的地位，对宋词词风影响极深。

出身书香门第的李清照自少年便才名远扬，无论是待嫁闺中时"兴尽晚回舟，误入藕花深处"的悠闲，还是嫁与赵明诚后享受"赌书泼茶"的闺房情趣，抑或是夫妻分别时因思念缠绵而"人比黄花瘦"，都反映出她早期词作流丽明快的风格。但宋室南渡之后，李清照的词风变得沉郁悲苦，如丧夫后孑然一身的"凄凄惨惨戚戚"，历经国破家亡"物是人非"的深沉哀婉，面对宋廷偏安一隅时"认取长安道"的激愤，一字一句无不打动世人的心。

千古第一才女 李清照

豪放派

苏轼对宋词内容的丰富起到了筚路蓝缕的作用,他致力于反映士大夫更为广阔的思想空间,在词作中抒情言志、记游怀古,突破了宋词"聊佐清欢"的局限。后经由辛弃疾的创新,豪放词派在宋朝词坛得到空前发展。靖康之变后,民族危亡的爱国热情和收复故土的慷慨激昂被人们融入词作中,豪放派的词风变得更为坦荡、雄浑刚毅。

词中之龙 辛弃疾

辛弃疾生于金人占领的中原地区,自小苦练剑术、熟读兵书。南归后,他几度力主朝廷挥师北伐却遭冷落,因此讥讽朝廷是"剩山残水无态度",取笑主和派是"江左沉酣求名者",终被罢官,最终在隐居生活中了却残生。辛弃疾怀着满腔报国热血却壮志难酬,这让他的词作在沉雄豪迈中平添一丝郁结低回的愤慨与无奈。

辛弃疾像

破阵子·为陈同甫赋壮词以寄之

[宋] 辛弃疾

醉里挑灯看剑,梦回吹角连营。
八百里分麾下炙,五十弦翻塞外声。沙场秋点兵。
马作的卢飞快,弓如霹雳弦惊。
了却君王天下事,赢得生前身后名。可怜白发生!

千古奇才 苏东坡

三苏祠苏轼雕像

苏轼的词作数量颇多,今存世的有300余首,内容雄奇奔放、富于理趣、浑然天成。苏轼善于运用新奇形象的比喻来状物和阐发哲理,令人浮想联翩。他的词冲破了晚唐五代以来词为"艳科"的旧框架,开创了独具一格的豪放词派。

念奴娇·赤壁怀古

[宋] 苏轼

大江东去,浪淘尽,千古风流人物。
故垒西边,人道是,三国周郎赤壁。
乱石穿空,惊涛拍岸,卷起千堆雪。
江山如画,一时多少豪杰。
遥想公瑾当年,小乔初嫁了,雄姿英发。
羽扇纶巾,谈笑间、樯橹灰飞烟灭。
故国神游,多情应笑我,早生华发。
人生如梦,一樽还酹江月。

方寸之地的博弈

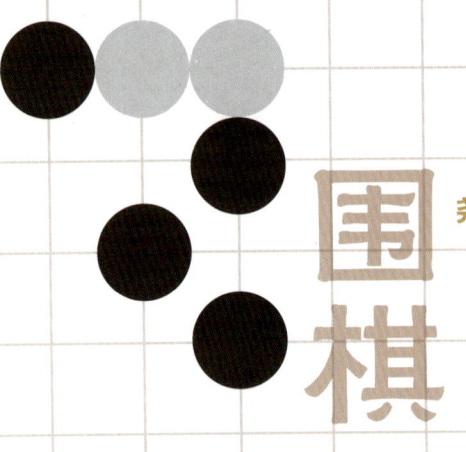

相传围棋起源于上古时期，尧帝为了陶冶儿子丹朱的情操，就发明了围棋来教育他。

围棋黑白翻转，布局似结营扎寨般缜密；象棋兵来卒往，对局如战场拼杀般激烈。想要看懂围棋和象棋对局时的激烈博弈，还少不了要学些基本的文化知识。

围棋的基本规则

最早的围棋盘是纵横各13、15或17道，发展到隋唐后就固定为纵横各19道。对局双方各执黑白一色棋子，遵循黑先白后的顺序，轮流将棋子下在纵横19道围成的361个交叉点上。棋盘上与棋子直线相邻的空点叫作"气"，当棋子无"气"后就要被拿走。但如果有同色的棋子相连，它们就是不可分割的整体，"气"也会被一并算上。终局计算胜负时，由于黑棋有先行的优势，须贴白棋若干子，占据185个以上交叉点才算获胜，而白棋则需要占有177个以上交叉点算获胜。

元·三星围棋图

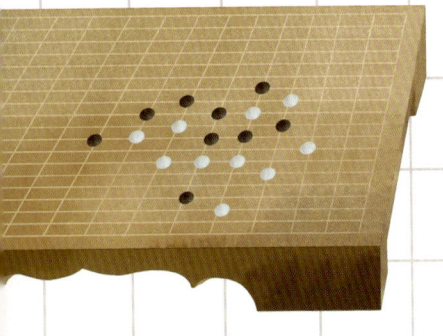

围棋在元朝得到了很大发展，并在清朝的乾隆年间发展至鼎盛。

围棋的圣手名宿

最早在文献中留下名字的专业棋手叫弈秋，被《孟子》誉为"通国之善弈者"。南北朝时的梁武帝是有名的围棋高手，能与当时的名家陈庆之"拼杀"得有来有回。他还大力推广围棋运动，举办了中国历史上第一次围棋大赛，并以"九品"来评定棋手等级，现代围棋给棋手定的"九段制"就来源于此。清代棋艺最高水平的是黄龙士、施襄夏和范西屏三人，他们都在棋坛上独孤求败，被誉为"棋圣"。

象棋的起源与基本规则

有传说象棋起源于楚汉之争：刘邦和项羽争霸时，韩信在带兵征伐赵国的路上，模仿当时将帅、车马、士卒的兵制发明出象棋，在休整时用来教士兵行军打仗，也丰富了他们的军旅生活。其实象棋在中国有悠久的历史，《楚辞》中"菎（kūn）蔽象棋"就证明了2000多年前已有"象棋"的说法，不过那时的象棋只是一种象牙棋赌具，与现在我们玩的象棋不同，发展至宋朝，规格就与如今的象棋一致了。

下棋双方各执7个兵种共16枚棋，分成红、黑两队，按照先红后黑的顺序轮流走步，以率先"将死"对方将帅的一方为胜。每个兵种都有特定的行动规则。

洞广胜寺水神庙壁画中的对弈场景

车
车能纵横直走，不受约束。

炮
炮不吃子时走法同车，但吃棋时必须要隔一子跳吃，即炮打隔山子。

士/仕
保护将/帅的士/仕每次只能沿九宫斜线走一步。

将/帅
将/帅每着只能按直线走一步，但不能出九宫。

象/相
象/相则要按田字格的对角线行走，但不能过河。

兵/卒
兵/卒每着只走一步，未过河时，只能向前直走；过河方可左右横行，但不能后退。

马
马虽然能过河，却要按"日"字的对角线走。

琼浆玉液醉流霞

新酒糙辣，经储存后更加醇厚，香气绵长。

中国酒文化源远流长，小酌时讲求有度而合礼，大醉时激发文思而写诗，撑起铮铮铁骨中的那份文雅。酒与国人，是怎样结下这种不解之缘呢？

宋·文会图（局部）

酿酒的起源

1986 年，在河南出土了一壶 3000 年前的酒，说明中国酿酒的历史非常悠久。相传上古时期的仪狄和杜康是酿酒的始祖。从酒本身的发展来看，果酒应当是最早产生的酒，野果富含糖分，果皮又附有天然酵母，可以自然发酵成酒，而河南地区流传的杜康所造的酒也正是果酒。直到后来，人们掌握了用谷物酿酒的方法，中国白酒的酿造有了质的飞跃。

在 1952 年至 1989 年的五届全国评酒会中，各地名酒先后上榜，对人们进行名酒收藏有一定的参考价值。

酿酒原理

中国古代生产的酒，多数以谷物或水果为原料，经过发酵作用酿造而成。其原理是先利用酒曲中的微生物分泌出酶，将酿酒原料中的淀粉加速分解为葡萄糖；再加入酵母菌，将糖分转变为酒精。这样酿造出来的酒，度数一般不会超过 20 度，且多含有杂质。所以后来古人又给酿造酒加了道蒸馏工序，能得到度数更高、杂质较少的蒸馏酒。

① 精选高粱
② 加工谷物

26

[清] 樊圻·宴饮流觞图（局部）

中国名酒

因色香味俱佳，茅台、五粮液、汾酒、西凤酒、剑南春、泸州老窖、古井贡酒、郎酒、洋河大曲和董酒是被中国人普遍认同的中国名酒。

其中名声最大的茅台，产于贵州仁怀的茅台镇，酿制工序也最繁杂，有"国酒"之称。

酿造时用粮食最多的是产于四川宜宾的五粮液，精选高粱、小麦、玉米、大米和糯米五种谷物酿成，酒香自然协调。

历史最悠久的是产于山西汾阳杏花村的汾酒，相传有四千年的历史，酒质清香绵长。

制曲工艺最独特的是产于贵州遵义的董酒，特殊的酒曲让酒香兼具大曲酒的浓郁与小曲酒的淡雅。

茅台
五粮液
泸州老窖
汾酒
古井贡酒
郎酒
洋河大曲
董酒
西凤酒
剑南春

文人与酒

由于酒早已全方位渗透到古人生活中，自然少不了在无数诗词中留下身影。酒能消愁，孤独时有李白"举杯邀明月"相伴，失意时有辛弃疾感叹"富贵浮云，我评轩冕，不如杯酒"；酒也能伤情，送别时有王维"劝君更尽一杯酒"的依依不舍，思念时有范仲淹将"酒入愁肠，化作相思泪"的伤感吐露；酒更能助兴，天朗气清时有李白要"开琼筵以坐花，飞羽觞而醉月"，活在当下时有苏轼高喊"诗酒趁年华"。

③ 蒸酒蒸粮
④ 酱酒制曲
⑤ 辨识优良
⑥ 白酒入窖

古法酿酒基本工序

清风坐向罗衫起

提起诸葛亮，你是不是总会想起他在摇扇之间便可指挥千军万马的潇洒身姿？

扇子能引风扇凉，人们夏季爱随身带一把扇子。在中国的传统文化中，人们赋予扇子善良和团结的深刻含义。我们来看一看，扇子是怎么从一个居家好物变成文人风骨的代表的。

清·蒋溥书五言诗兆丰画花卉成扇

鱼藻成扇

花卉成扇

葡萄成扇

[清]王杰·乾隆御制题扇

扇子的发展历史

扇骨最初是由竹、木等材料做成，扇面则由飞禽翎毛制成。随着编制技艺的发展，由棕榈叶、蒲草等编成的扇子也开始兴盛起来。文人墨客多爱把玩扇子，在吟诗作赋的同时，视扇子为"怀袖雅物"，因而对于扇面图案也更为重视，喜欢在扇面上题字或者作画。到了明清时期，无论是文人墨客还是官宦大夫都喜欢手摇折扇，以显示自己的超然品格。

扇子的典故

关于扇子的典故有很多。比如扇子的起源，流传最为广泛的说法是女娲"结草为扇，以障其面"，然后才与伏羲结为夫妇，因而扇子最初也被叫作"羲扇"。古代帝王的仪仗里总是出现很多扇子的原因也在于此。王羲之与题扇桥的故事也被人们津津乐道：王羲之在桥边见一位婆婆在卖六角扇，但生意并不好，他便在扇子上各写了5个字，扇子很快就卖光了，题扇桥因此得名，题扇桥的故事也流传下来。

清·历朝贤后故事图（局部）

有关扇子的诗词

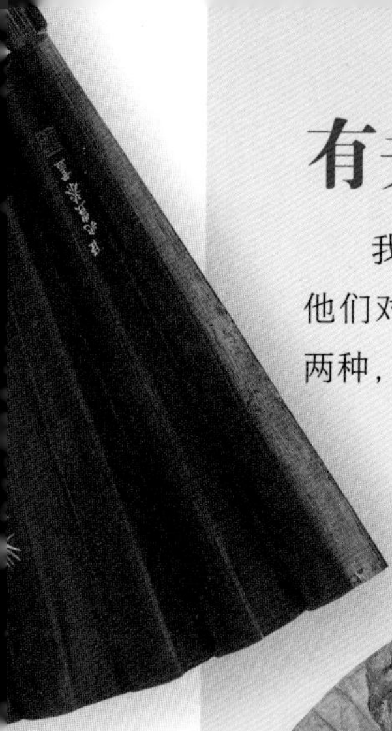

我们印象中的文人总是手持折扇,可见他们对于扇子的喜爱。实际上,扇子可分为两种,一种是折扇,一种是团扇。

[明] 仇英·山水扇页

[明] 文徵明·山水扇页

"清风坐向罗衫起,明月看从玉手生。"这是唐朝诗人张祜的诗句,描写的是他得到了一把福州的白竹扇子,竹扇仿佛明月,不仅可以引风乘凉,扇面亦是洁白无瑕,令人赏心悦目。

纳兰性德说:"人生若只如初见,何事秋风悲画扇。"人生要是像刚刚见面那样多好啊,就不用担心像秋天的扇子一样被人遗弃了。小小一把扇子,寄托了诗人离别的愁思。

看了这么多关于扇子的故事与诗句,你是否也想拥有一把自己的扇子呢?你又想在扇子上提些什么字呢?

「人生若只如初见,何事秋风悲画扇。」

「清风坐向罗衫起,明月看从玉手生。」

「懒摇白羽扇,裸袒青林中。」

[清] 张照·扇梅花册

"懒摇白羽扇,裸袒青林中。"这是诗仙李白在夏日山林中的场景,夏天最应景的便是羽毛扇子,但他"懒摇羽扇",脱去头巾,潇洒恣意。

汉仗扇

坚利与温润的化身

> 玉者，坚刚而有润者也。
> ——[唐]孔颖达

明·夏景货郎图

玉在石器时代就已与远古先民结下不解之缘，其质地坚硬、晶莹温润，这恰恰符合先民的原始宗教意识和审美。于是，玉石便成了尊贵与神秘的象征，成了饰品和敬奉神明的礼器，玉器的制造和使用历史自此拉开帷幕。

战国·双联玉璧

璧是古代用来祭祀天的环状玉器，我国迄今为止发现最早的玉璧产生于新石器时代。玉璧除了作为礼器外，还是权力的象征，作为饰品佩戴或陪葬。

《周礼·春官宗伯》中记载"以玉作六器，以礼天地四方"，意思是用六种玉制的礼器来祭祀天地与东南西北四方，具体如下：

玉的功用变迁

原始先民最初将玉用来制作饰品，或者雕刻部族图腾。大约在原始社会末期，人们对玉器的使用已非常成熟，已有做工精美的礼器，如圭、琮、璧等。随着奴隶社会的形成，玉器逐渐成了社会等级和权力的象征。

儒学出现以后，玉被用来承载儒家的伦理道德，它被赋予人格象征。这种"美玉载德"的思想与人们的审美情趣相结合，被社会所接受，形成君子佩玉的社会风尚，而玉也逐渐被赋予高贵、典雅、纯洁、平和等含义。

璧玉	琮	圭	璋	琥	璜
天	地	东	南	西	北

春秋·玉夔龙纹玦

玦是中国古代圆形玉佩的一种形制，其明显的特征是有一个缺口。

秦国扫平六国一统天下后，"玉玺"，即玉制的皇帝印信，成为秦朝正式确立王权至高无上的凭证。除帝王一人之外，任何人不能用玉制的印信。这促使玉器的功用从"礼器"逐渐转向保护精气神和防腐，如汉代王侯墓中出土的"金缕玉衣"等。

随着漆器、金银器和瓷器的制作工艺的纯熟，玉器逐渐失去了其象征权贵社会地位的功用，再加上雕刻工艺也向着现实主义和浪漫主义方向发展，玉器的形制和纹饰越加世俗化，如常见的龙凤图案、人物花卉、鱼虫走兽等。

从唐宋到明清，中国传统的玉雕工艺达到了巅峰，无论是体量巨大的玉雕，还是人们日常生活中所佩戴的小饰品，都可以达到精雕细刻、惟妙惟肖的水平。这时的玉器已然成了艺术品、财富和赏玩品的代名词，摘去了尊贵圣洁、至高无上的神秘面纱，减弱了与神权和王权的关系，成了大众生活器物的一部分。

宋·青白玉桃形杯

玉的分类

玉器的材质是玉石，玉石又分"硬玉"和"软玉"。硬玉主要指翡翠，按颜色和质地可分为多个品种。软玉按颜色区分包括白玉、青玉、碧玉、黄玉和墨玉等；按产地区分则包括新疆和田玉、辽宁岫岩玉、陕西蓝田玉和河南南阳玉等。中国使用软玉的历史非常悠久，历代以来雕刻玉器所用的玉材多为软玉。

东周·镂雕玉双龙首璜

西汉·玉鹰

璜是古代一种半圆弧形玉饰，作祭祀礼器时祭北方之神，它与玦一样是中国古代发明较早、流行时间较长的玉器。

31

明·萧翼赚兰亭图

中国传统制茶技艺及其相关习俗大约在商周时期初见萌芽，之后一直深受人们喜爱。在交友、婚礼、拜师等社交场合中，茶都是重要的沟通媒介。饮茶、品茶也不仅仅是一种饮食习惯，其背后还承载着深厚的文化内涵。

"东方树叶"的辉煌

中国传统制茶技艺及其相关习俗历史悠久，贯穿了中国人几千年来的生活。

中国茶史

《茶经》中描述："茶者，南方之嘉木也。"这说明中国茶起源于中国南部地区，在人们开始栽培茶树之前，茶叶便来自这些地区广泛生长的野生茶树。

西周时期，上贡给周天子的贡品中已经有了茶叶的身影；春秋战国时期，茶业发展范围扩大，为茶叶贸易提供了条件；到了汉代，四川成为茶业发展的代表性区域；三国两晋至南北朝时期，长江中下游、江浙沿海等地也陆续发展起了茶叶的种植；唐代后，茶业发展进入了兴盛期，名茶涌现，茶叶产量增多，生产专业化程度也有明显提升。

〔宋〕刘松年·博古图（局部）

〔宋〕赵佶·文会图（局部）

《茶经》

《茶经》是中国第一部关于茶的专著，被誉为"茶叶百科全书"，作者是唐代的陆羽。全书共有10篇，分别论述了茶的性状、品质、产地、采制、烹饮方法及饮茶用具等方面的内容。《茶经》中的内容有些源于陆羽的亲身经历，也有些是他博览群书所得的前人经验。

茶的传播

茶马古道

位于中国西南地区的茶马古道是以茶、马为主要商品，在四川、云南和西藏之间进行交换贸易的通道。该通道起源于古代西南边疆的"茶马互市"，从唐宋开始兴盛，延续于元明清时期。

中国茶

在漫长的历史发展进程中，人们饮茶的方式也在发生变化。唐宋时期生产的大多是团饼茶，在饮法上，唐代以煮茶法为主，宋代以点茶法为主。明代以后，将散茶直接放入茶壶中用沸水冲泡的方式逐渐流行，这种饮法经过演变后一直沿用至今，是现在的主流冲泡方式之一。

［宋］刘松年·撵茶图（局部）

茶马古道主要路线包括青藏、川藏、滇藏三条。其中青藏线发展较早，在唐朝时期曾十分繁荣。行走在古道上的马帮为茶叶的传播做出了贡献，增进了民族间的团结和友谊。

海上茶叶之路

茶叶是海上丝绸之路贸易的重要商品，所以海上丝绸之路也被称为"海上茶叶之路"。隋唐时期，茶叶已经通过海上丝绸之路传播到了朝鲜、日本等地，这一时期的阿拉伯书籍中也曾经提到过茶叶抵达欧洲的事情。宋元时期，茶叶已成为我国对外贸易的重要商品之一。明代郑和七下西洋，把饮茶的习俗带到了东南亚、印度半岛等地……海上茶叶之路把茶叶以及中国茶文化陆续传播到沿线国家，推动了世界文明的发展。

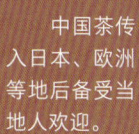

中国茶传入日本、欧洲等地后备受当地人欢迎。

茶叶初制技术

将新鲜的茶树嫩叶加工成毛茶的过程被称为"茶叶初制"。中国茶种类繁多，不同种类的茶，初制工序不尽相同。

以绿茶为例，其初制过程主要包括摊放、杀青、揉捻和干燥等步骤。摊放是指将采摘下来的新鲜叶片均匀地摊放在篦（bì）垫上，使叶片逐渐散热、失水，排除鲜叶中的青草气味，变得柔软，以便进行下一步的杀青处理。杀青是利用超过100℃的高温处理，去除叶片中部分水分，软化叶质的过程，对于绿茶制作至关重要。这一步骤也使得成品绿茶具备颜色翠绿、香清味浓的特点。揉捻是指通过人工或机械力量将叶片卷成条状，这一步可以使茶叶在冲泡时更好地释放茶汁。绿茶初制的最后一道工序是干燥，即采用炒、烘或晾晒等方式去除茶叶中剩余的水分。

与绿茶不同，红茶为全发酵茶。红茶的初制主要包括萎凋、揉捻、发酵和干燥等步骤，萎凋和发酵是其中的关键步骤。萎凋可用日晒或人工控制等方式进行，使鲜叶中的水分减少，外形发生变化。而在一定的温度和湿度下发酵，则可使茶叶逐渐变成红色。

此外，还有一些其他工序，如闷黄、渥堆等，它们分别用于黄茶、黑茶的初制过程。正因制作工序各有特点，各品种的茶叶才拥有不同风味。

茶树适宜生长在酸性土壤中，所受光照既不能太强也不能太弱。品质优良的茶叶大多出产于雨量充沛、云雾多、有一定高度的高山地区。中国有四大主要茶区，分别为华南茶区、西南茶区、江南茶区和江北茶区。

茶壶

茶壶通常由壶盖、壶身、壶嘴、壶把四部分组成，材质包括陶壶、瓷壶、紫砂壶等多种。不同大小、形状的茶壶配合不同种类的茶叶，泡出的茶也会具有不同的口感。

茶荷

将茶叶装入茶荷内后，可以先递给客人，鉴赏茶叶的外观，再用茶拨将茶荷内的茶叶拨入壶中。茶荷的使用增加了品茗的观赏性和情趣。

茶杯

茶杯是一种体量较小的盛茶水的器具，在品茶过程中有重要作用。不同大小、质地的茶杯可能会影响到品茶时的口感，因此不同茶品选择茶杯时有各种讲究。

茶夹

茶夹又称"茶筷"，用于将茶渣自茶壶中夹出，有人也用它夹着茶杯洗杯，既能防止被热水烫伤，又十分卫生。

|宋|赵佶·唐十八学士图卷（局部）

茶巾

茶巾的主要功用为在品茶之前将茶壶等器具底部残留的水擦干，也可用来擦拭滴落在桌面上的水滴。茶巾一般置于茶盘与泡茶者之间的案上。

从外观上，公道杯分为无柄和有柄两种，有的还内置过滤网。公道杯用来盛放泡好的茶汤，再分别倒入各小杯，以均匀不同杯中茶汤的浓度。

茶盘

茶盘即用来盛放茶壶、茶杯等器具的浅底器皿。其形状根据配套茶具，可方可圆或作扇形，形式包括抽屉式或嵌入式，既可以是单层，也可以有夹层，夹层通常用以盛放废水。

|宋|刘松年·十八学士图（局部）

35

茶的种类

中国现代生产的茶基本可以分为绿茶、红茶、黄茶、黑茶、乌龙茶、白茶六类。它们在制作工序上有所不同，特征也不同。

中国是一个主产绿茶的国家，绿茶的品类名目最多。绿茶为不发酵茶，在制造过程中没有发酵工序，成品茶叶中保持了鲜叶内的天然成分，茶叶青翠碧绿。中国著名的绿茶有数百种，如西湖龙井、洞庭碧螺春、黄山毛峰、信阳毛尖等。

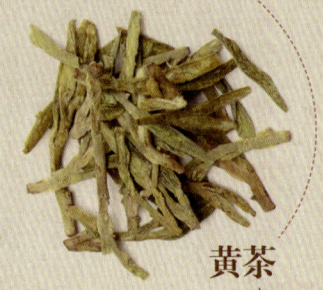

黄茶

黄茶的外形呈微黄褐色，色泽金黄光亮，滋味浓醇而不苦涩，为轻发酵茶。在黄茶的制作工序中，"闷黄"的步骤是黄茶形成金黄的色泽和醇厚茶香的关键。中国著名的黄茶有君山银针、蒙顶黄芽、平阳黄汤等。

[宋]赵佶·唐十八学士图卷（局部）

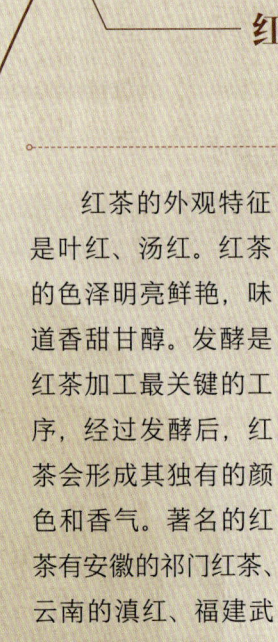

红茶

红茶的外观特征是叶红、汤红。红茶的色泽明亮鲜艳，味道香甜甘醇。发酵是红茶加工最关键的工序，经过发酵后，红茶会形成其独有的颜色和香气。著名的红茶有安徽的祁门红茶、云南的滇红、福建武夷的小种红茶等。

白茶是中国茶叶中的特殊珍品，属于微发酵茶，主产于福建。白茶茶叶的颜色如银似雪，茶汤颜色微黄，香气清鲜，滋味清淡回甘，令人回味无穷。白茶主要有白毫银针、白牡丹等品种。

绿茶

清·柳荫品茶图页（局部）

36

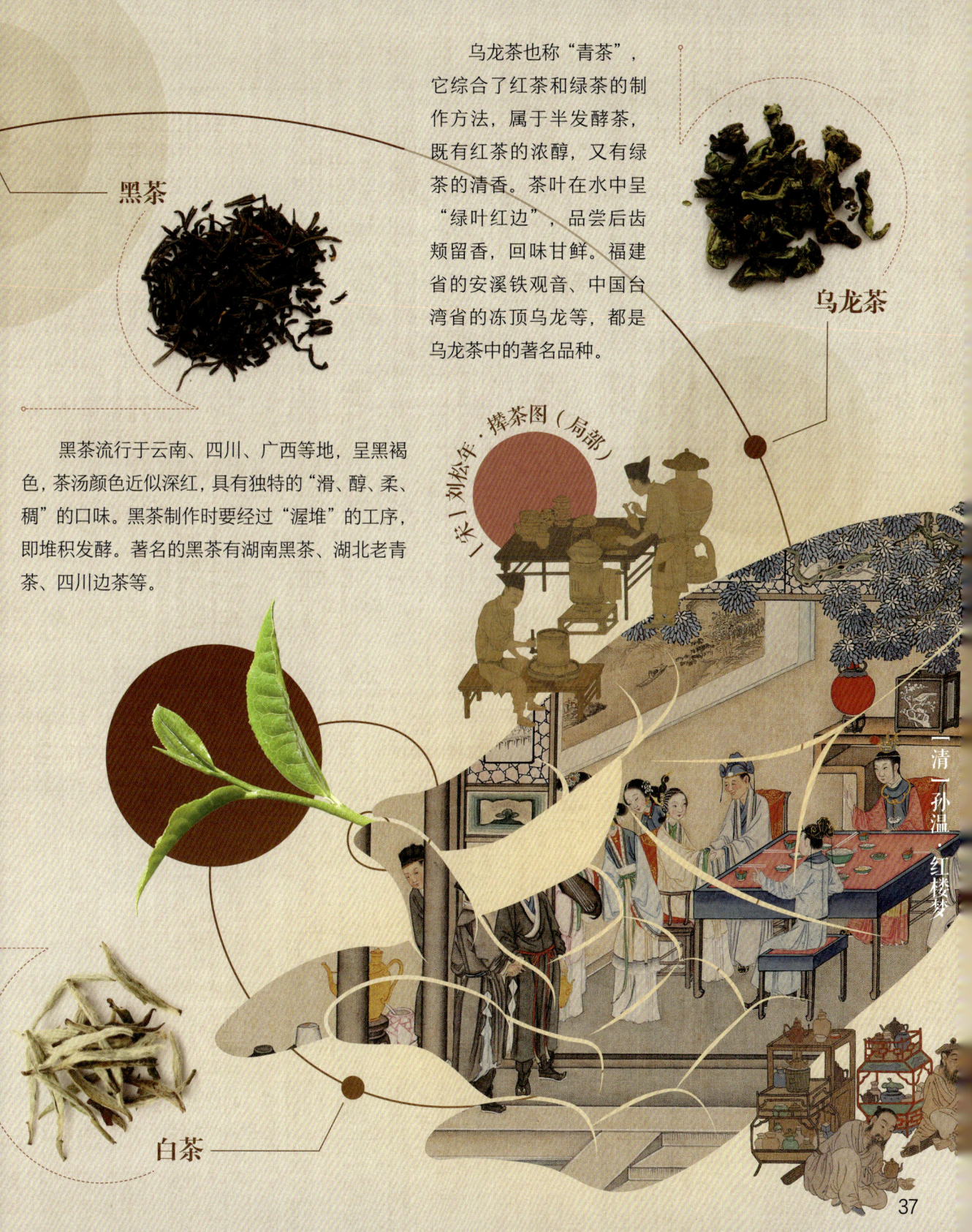

乌龙茶

乌龙茶也称"青茶"，它综合了红茶和绿茶的制作方法，属于半发酵茶，既有红茶的浓醇，又有绿茶的清香。茶叶在水中呈"绿叶红边"，品尝后齿颊留香，回味甘鲜。福建省的安溪铁观音、中国台湾省的冻顶乌龙等，都是乌龙茶中的著名品种。

黑茶

黑茶流行于云南、四川、广西等地，呈黑褐色，茶汤颜色近似深红，具有独特的"滑、醇、柔、稠"的口味。黑茶制作时要经过"渥堆"的工序，即堆积发酵。著名的黑茶有湖南黑茶、湖北老青茶、四川边茶等。

白茶

〔宋〕刘松年·撵茶图（局部）

〔清〕孙温·红楼梦

孩子一定要知道的

中国国粹

其他国粹精选

民族乐器
中秋节坊
长命锁牌居
越

京剧、武术、中医、书法、国画、刺绣……

中国国粹是中国固有文化精髓的代表，
是华夏文明这本大书中最灿烂辉煌的一页。

其以鲜明的个性展现着中华民族传统文化独特的内涵，
散发出无穷的生命力和永恒的魅力。

它们是华夏民族的精神之火，是民族自信的力量之源，
更是中国文化走向世界、放彩全球的标志性符号。

目录

4
纸短情长
宣纸

10
千年活字，匠心传承
活字印刷术

20
独属大唐的浪漫色
唐三彩

22
埋伏于地下的军团
兵马俑

30
中国古代建筑的集大成者
故宫

32
一半烟火，一半诗意
古城

14
吉金铸史，青铜遗韵
青铜器

16
匠人手中的秦汉风韵
秦砖汉瓦

18
瓷韵隽永，风华绝代
瓷器

24
不朽的红黑艺术
漆器

26
专题　中国古代货币

28
东方巨龙，中华脊梁
长城

34
诗意的栖息地
江南水乡

36
山水画中，桥影斑驳
古桥

纸短情长

造纸术是中国古代四大发明之一，宣纸是传统手工纸品的代表。

纸是人类记录信息、传递信息和表达情感的载体，是书法、绘画的工具之一，承载着民族历史和文化的记忆，见证着中华文明数千年来的发展。

宣纸是我国传统手工纸品的代表，是中国书法、绘画的高级艺术用纸，距今已有1500多年的历史。宣纸质地独特、品质优良，具有绵软坚韧、百折不损、防腐、防蛀等优点，因此有"纸中之王"的美称，至今仍不能被机制纸所取代。

"宣纸"这一名称最早见于唐代书画评论家张彦远的著作《历代名画记》。宣纸因产于宣州（今安徽宣城）而得名，后来逐渐成为中国传统书画用纸的代称。

诞生之路

1 取材

宣纸制作，首先在于料。制作宣纸的主要材料为青檀（树）皮和沙田稻草，树皮被称为"皮料"，稻草被称为"草料"。其中皮料经砍条、剥皮、渍灰等工序制成皮坯，然后加碱水蒸煮、洗涤、摊晒成为青皮，再经反复蒸煮与摊晒，才能成为可供造纸的燎皮。草料的处理与皮料类似，使用的稻草须为陈年稻草，并且要在水中经过长时间埋浸和堆腌，之后在石滩上摊晒，承受日晒与雨淋。经过这些工序，原料纤维才会变得洁白细腻、不易变色、耐久性好。

①

《五牛图》乾隆题字

2 打浆

工人们会先仔细地去除皮料和草料中的杂质，以免影响宣纸的品质。先后经过"碓（duì）皮""臼草""切皮"等工序后，皮料和草料的纤维分别被切断。工人们会把它们放入布袋中清洗干净，并根据所造纸张品种不同，将皮料、草料按一定配比，混合成为纸浆。树皮的纤维相对较长，在宣纸中起骨架作用；稻草的纤维较短，填充在其间，皮与草的长短纤维就是在这一步结合在一起的。

4 干燥

晒纸工人会小心地把宣纸重新浇湿，撕掉最外层的纸并洗掉四周的污渍，之后抬入专门用于晒纸的房间，把宣纸逐一分开，吸附在垂直的墙面上，用特制的刷子把纸面刷平并烘干。

传统的刷纸手法名为"十六刷"，包括吊拐、托晒、抽心、半刷、破额拐等动作，从中可以看出工人水平的高低。

3 抄造

抄纸时所用的纸帘，是由工人把竹子抽成细细的竹丝后用类似织布的方式编织而成的，纸帘竹丝的粗细决定了造出来的纸的厚度。工人还会提取植物枝条中的汁液，制作出一种"纸药"，倒入纸浆与水的混合物中，这样做有利于纸浆在水中形成均匀的絮状物，此时就可以用提前做好的纸帘抄纸了。抄纸一般由两位师傅合作完成。"一帘水靠身，二帘水破胸"的口诀描述了抄纸的要点。把抄出的湿纸从纸帘上揭下后，需要经过压榨、晾晒等步骤，去除纸里的水分。

纸载春秋

中国造纸技艺的诞生和发展经历了漫长的历史过程。人们曾在龟甲、兽骨等材料上刻画符号,也曾把文字留在青铜器上,还曾使用简牍、丝帛等材料来写字。所用材料有的太过笨重,有的造价昂贵,都不是足够理想的书写材料。随着人类活动对文化传播工具的需求日渐旺盛,植物纤维纸应运而生。

东汉时的蔡伦改良造纸术,制成"蔡侯纸";唐代时宣纸问世;时至今日,宣纸传统制作技艺仍在创新……一代代的造纸人千锤百炼铸匠心,不断改进造纸工艺和技术,书写了中华文明的灿烂篇章。

萌芽期

20世纪的考古成果表明,早在西汉时期,中国就出现了纸。虽然1957年在陕西省西安市发现的"灞(bà)桥纸"后经专家判断可能并不是真正的纸,只是被压扁的麻絮,但考古学家在甘肃、新疆等地的汉墓、窖藏中还是发现了许多生产于西汉的粗纸,根据出土地点不同,它们分别被命名为罗布淖尔纸、查科尔帖纸、金关纸、放马滩纸等。

其中,甘肃放马滩出土了纸质地图的残片,表面平整,用细细的墨线绘制出了山脉、河流等图形,这说明西汉时的纸已有一些能用于写字绘图。

放马滩纸

改良期

东汉的蔡伦是中国造纸术的重要改良者。虽然西汉时已经出现纸,但当时的纸张质地粗糙,不便使用。他组织了一批能工巧匠,在前人经验的基础上对造纸技术进行改进,丰富了造纸的原料,改良了造纸的工序,造出达到实用水平的植物纤维纸。蔡伦使纸的使用变得更加广泛,造纸技术也得以流传和发展,成为人类历史上的重大技术改良。在蔡伦之后,还有一位造纸家名为左伯,古人称赞左伯制造的纸张"妍妙辉光"。

复兴期

元、明、清三代集历代造纸经验之大成，虽发展较为迟缓，但人们对造纸技术的改进使得工艺流程更加规范。晚清以来，宣纸制造业受到战乱影响，几度减产甚至停产。到了现代，随着文化的再度繁荣，宣纸制造业重新兴旺起来。在造纸人的努力下，宣纸品种从60多种增加到了150多种，不仅恢复了失传已久的几种宣纸的制造技术，还创造了"三丈三"大纸等新品种。

全盛期

隋、唐、宋三代是造纸的全盛期，其中以唐代为最，堪称巅峰，宣纸也是在唐代诞生的。

据《历代名画记》记载，唐代书画家已经开始使用宣纸。从前的古画大多在绢上完成，唐代画家韩滉（huàng）是目前所见最早用纸作画的人，他所画的《五牛图》历经千年仍然保存完好。唐代官办与民间的造纸作坊星罗棋布，造纸技艺日益提高、完善。南唐后主李煜非常喜爱当时徽州产的宣纸，把它们收藏于宫中的澄心堂里，这种纸因此得名"澄心堂纸"，到了宋代它已是珍贵难得的书画名纸。在北宋时期，人们已经可以用废纸造出再生纸，这标志着北宋造纸业达到了新的高峰。

文房四宝之乡

笔、墨、纸、砚统称"文房四宝"，它们是中国传统书法、绘画创作中必不可少的工具。值得一提的是，宣纸、宣笔、徽墨、宣砚等名品都出产于安徽宣城。这座城市能够同时出产名贵的笔、墨、纸、砚，宣城因此声名远扬，受到历代文人墨客的追捧和喜爱，还获得了"文房四宝之乡"的美誉。

唐代韩滉所画的《五牛图》，现藏于故宫博物院。

宣纸的分类

生宣

生宣是一种直接从纸槽里抄出后，经烘干而成的没有经过特殊处理的白纸，其质地柔韧细腻，不易破损。用生宣作泼墨画、写意画，可以显示出墨的浓淡干湿，突显笔触的变化和魅力。在唐代时，人们较少使用生宣。到了宋代，书法着重表现个性和意趣，通常以韵味和意境为审美标准，因此多用生宣呈现行书和草书不拘一格的笔法。此外，生宣也是用来加工熟宣和半生半熟宣的材料。

熟宣

由生纸在矾（fán）水中浸制后，并经过砑（yà）光、拖浆、填粉、洒金、加蜡、拖胶等不同的工序加工，就制成了熟宣，也叫"矾宣纸"。熟宣的特点是不容易渗透水墨，可以画出细致的颜色和线条，适合书写楷隶和小字，或画工笔画。造纸工人也可以根据书画家特殊的需求，制作出相应的熟宣纸。唐朝官府专门设置了作坊来制造和加工纸张，并有专门制作熟宣的工匠。

半生半熟宣

半生半熟宣是一种介于生宣与熟宣之间的纸。制作半生半熟宣是采用"拉浆"的方法，即把生宣从熟豆浆汁或白芨汁、糯米汁加上骨胶等填充材料的浆液中轻轻拖出，之后再晾干。这种纸的表面附着上了一层浆液，渗墨的效果弱于生宣、强于熟宣。半生半熟宣有净皮豆腐笺、净皮煮硾宣、玉版宣等品种，适合"小写意"画。

"纸"尽其用

光滑洁白、品质优良的宣纸是文房之宝，其他种类的纸也被人们使用在各种地方。纸扇、纸伞、纸窗……轻盈透光、如绢如绸的纸，在古人的日常生活中几乎无处不在。

灯笼

在较有韧性的纸表面涂上桐油，纸就有了防水的功能，可以用来制作灯笼。把纸糊在灯笼骨架的表面，既能透光，也能防止灯火被风吹灭。

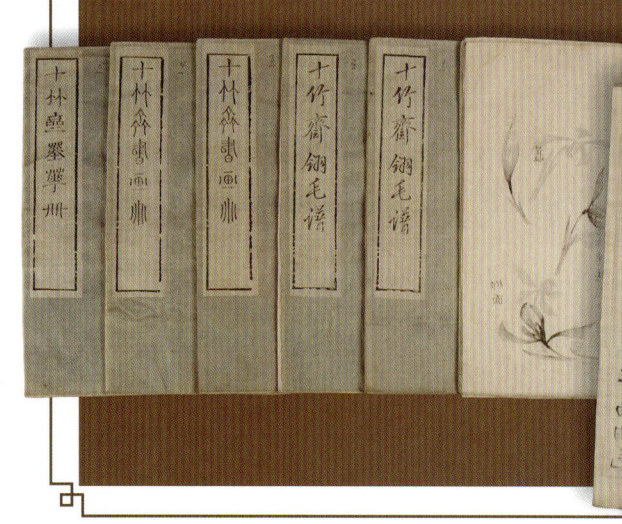

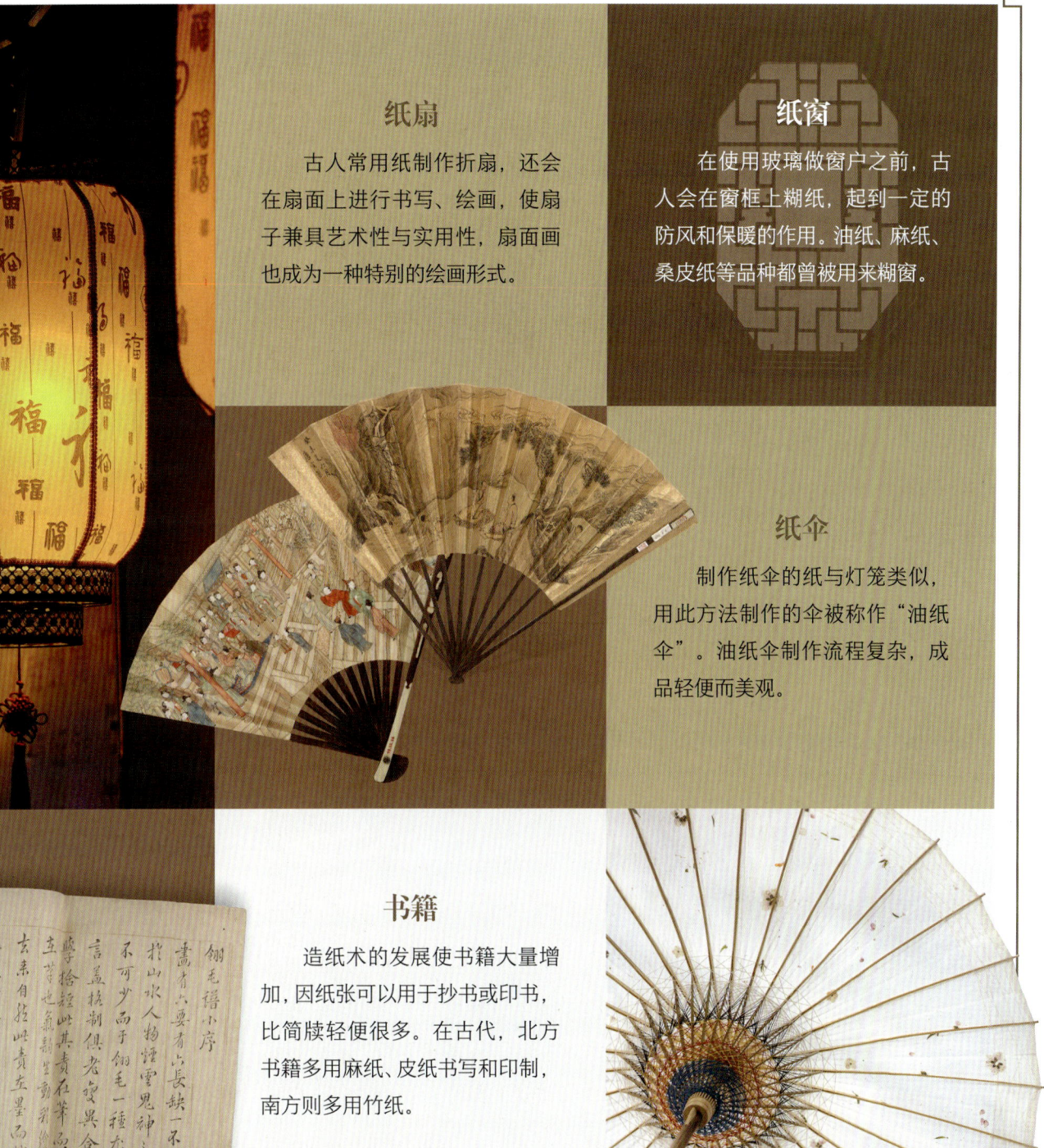

纸扇

古人常用纸制作折扇,还会在扇面上进行书写、绘画,使扇子兼具艺术性与实用性,扇面画也成为一种特别的绘画形式。

纸窗

在使用玻璃做窗户之前,古人会在窗框上糊纸,起到一定的防风和保暖的作用。油纸、麻纸、桑皮纸等品种都曾被用来糊窗。

纸伞

制作纸伞的纸与灯笼类似,用此方法制作的伞被称作"油纸伞"。油纸伞制作流程复杂,成品轻便而美观。

书籍

造纸术的发展使书籍大量增加,因纸张可以用于抄书或印书,比简牍轻便很多。在古代,北方书籍多用麻纸、皮纸书写和印制,南方则多用竹纸。

千年活字，匠心传承

中国活字印刷术发明于距今约 1000 年的北宋时期。这项发明使书籍的印刷变得更加方便快捷，促进了知识与文化的传播。

隋唐以来，雕版印刷的发明和应用降低了书籍的生产成本，让知识和信息加速传播，促进了文明的发展。但雕版印刷也有不足之处：在刻制时，工匠一旦刻错一个字，整版都要作废，且制作一本书的雕版会耗费很长时间。此外，雕版不便储存，存储所需的空间很大。

北宋时期，一个名叫毕昇（shēng）的人发明了一种新的印刷技术：把每个汉字用胶泥做成单独的字模，平时按照音韵分类储存在木格里，到了要印刷的时候再取出来排版；如果要用到以前没有刻过的字，立即就能刻出来；有字模磨损，也不需要大费周章地重制整版，只替换这一个字就可以了。

这种印刷技术被称为"中国活字印刷术"。它节省了刻版和印后存放所需的人力物力，缩短了印刷的周期，既经济又方便。

毕昇发明活字印刷术的故事被同时代的科学家沈括记录在了科学技术著作《梦溪笔谈》之中。虽然后人对毕昇的样貌、生平知之甚少，但他的名字却已被世界铭记。

最古老的活字印刷实物

毕昇发明的胶泥活字及其印刷品，目前未发现有实物流传于世。目前人们已发现的最早的一批活字印刷文物是黑水城、武威、敦煌等地出土的西夏文活字印刷物。据专家研究，它们是西夏中后期的印刷品，大约在毕昇所处时代之后的一个世纪。这些西夏文活字印刷本既有泥活字本，也有木活字本。西夏木活字本印刷水平与泥活字本相比有了很大的提高，字边的笔画缺损明显减少。

西夏文木活字印本《吉祥遍至囗和（合）本续》

辨别活字本

由雕版印刷印出的书称为"刻本"，由活字印刷印出的书称为"活字本"。我们可以通过观察印刷品的特点，鉴别出它到底是由雕版印成的，还是由活字版印成的。

① **看木纹**

一部分活字本是"套格"印刷的，即书的行、栏与文字内容分两次印成。木板会有自然断裂的纹理，在纸上留下痕迹，但文字上的纹理与行、栏的纹理不同，因此可以分辨出它是由活字印刷而成的。

② **看笔画**

活字版是由单个的字拼缀而成的，每一个字都在单独的字模上，因此不同字的笔画之间不会有任何交叉，但雕版可能会存在笔画交叉。

⑤ **看四角**

活字版是由一个一个的活字以及版框拼成的，因此中间的字与页面四角可能会留有一些空隙。

④ **看文字**

与整版雕刻的刻本不同，活字印刷的字是随印随排的，有时会出现字的方向错误的问题，由此可以判断它是由活字印刷术印成的。

③ **看墨色**

由于活字模摆放的高度可能存在不同或不够整齐的情况，在印刷上墨时也就不太均匀，印出文字的墨色深浅也就可能不同。

活字印刷的过程

1 刻字

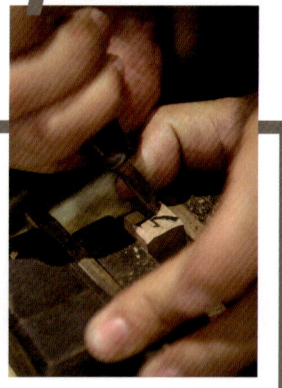

在胶泥块或者木块的其中一面用阳刻的手法刻上文字。每块字模上刻一个字，每个字会刻出多个字模。像"之""也"等古文中的常用字，甚至会刻出20多个备用字模。金属活字则是用模具铸造的。

2 烧制

胶泥活字还需要放入窑中，通过高温火烧，使其形状固定，质地坚硬。

3 排版

准备一块铁板，用松脂、蜡、纸灰等黏合材料覆盖在上面，放置一个框子作为排字的模具，再把需要的活字字模按照书籍文本的内容整齐地码放好。随后，稍稍加热，等到黏合材料略微熔化，就用一块平板按压表面，将活字固定住，确保表面平整，以便于后续的印刷。

4 印刷

给活字版刷上墨，覆盖上纸，用刷子来回刷过，直到每个墨字印在纸上。这一步骤需要小心谨慎，以确保印刷效果准确、整齐。在印刷的同时，其他工匠就可以开始排版下一页，提高效率。

5 拆字

印刷完成后再次用火加热，使黏合材料再次熔化，活字块就能轻易地从铁板上脱落，也不会沾上污渍，可将其重新收纳起来以备下次使用。

各种材料的活字

胶泥活字

毕昇发明的胶泥活字印刷术是中国印刷史上里程碑式的转折点，影响广泛。西夏的胶泥活字印刷品与毕昇生活的时代只相隔百年，证明了在西夏时，胶泥活字印刷的技术就已从南方传到了我国西部地区。

在毕昇之后，也有人对胶泥活字进行改进。元代农学家王祯的著作《造活字印书法》中记录有两种不同的方法，都是对固定活字的方式进行的改良。一种与毕昇的方法相似，只是把黏合材料由松脂、蜡、纸灰等改为稀沥青；另一种则是在薄泥中排列胶泥活字，送入窑内烧制固定成整版，再进行印刷。

木活字

毕昇在发明活字印刷术时，也曾经尝试过使用木料制作活字。但他发现，木料因纹理疏密不同，沾水后很容易变得高低不平，而且木活字与松脂混合物相粘时不易取下，因此最终放弃木活字并改用胶泥。但在300多年后，王祯重新进行了尝试。他选用木质致密的梨枣木制造字模，并且不用松脂等材料粘连活字，而是改用竹片夹住固定，较好地解决了毕昇曾经遇到的这些技术问题。

不同材质的活字各有优劣，木活字与金属活字至今仍被使用。

金属活字

中国最早出现的金属活字是锡活字，比西方的金属活字要早200多年。但锡活字较软，不耐磨，因此没有盛行。明代时还出现了铜活字，清内府最大的印刷工程——约1.6亿字的《古今图书集成》就是用铜活字印成的，从刻制到排版印刷完成共花费了20多年之久。金属表面比较光滑，普通的墨难以附着。根据明代铜活字印刷品的墨色来看，当时的人们已经研制出了油性墨，以配合金属活字，提高印刷质量。

转轮排字法

虽然毕昇把活字按照音韵放在木格里，但工匠必须要对汉字音韵有一定的了解，才能快速找到需要的字。王祯发明了"转轮排字法"，把字模按照编号排列，放在字盘上，只要知道对应的编号，就能够转动字盘、找到需要的字模。

吉金铸史，青铜遗韵

青铜器的出现，于人类而言有着划时代的意义，彰显了人类文明的进步。

在我们自称"中国人"时，你是否好奇，我们是什么时候开始有"中国"这个称谓的呢？被誉为"华夏第一尊"的青铜器何尊出土后，我们得到了答案。

见证"中国"的诞生

1963年，人们在陕西宝鸡贾村镇发掘出一件青铜尊，尊的腹底刻有铭文122个字（现存119个字）。经过辨认，铭文中有"宅兹中国（住在天下的中心）"四字，这是目前所知最早的有关"中国"的记载。"中国"在当时指的是西周的中心之地——国都洛邑（今河南洛阳）。这对了解和认识中华民族的过去具有重要意义。

宝鸡青铜器博物院藏。周武王灭商后曾敬告上天，要以成周（洛邑）为都城，武王之子成王姬诵在洛邑营建新都。都城建好后，周成王感念何的先父追随周文王建功立业，便对何进行嘉奖。何感到十分荣幸，就找来能工巧匠铸造这口尊，以纪念这件事。

西周·何尊

何尊铭文中的『中国』

14

辉煌的"青铜时代"

　　青铜是金属冶铸史上最早的合金。商代以后,青铜器主要用于饮食、军事、娱乐、祭祀等活动。中国青铜器出现在距今约5000至4000年的新石器晚期。商周时期是中国青铜器发展的鼎盛期,也是中国青铜文化最辉煌的时期。那时的青铜器工艺精良、品类丰富,出现在社会生活的各个方面,有礼器、兵器、炊具、乐器等多种分类。直到春秋后期至战国初期,"青铜时代"逐渐被"铁器时代"接替。

春秋·子午弄鸟尊

　　美国弗利尔美术馆藏。它以凶猛的鸮(xiāo)鸟为原型制作,喙尖而弯,头可与身体分离,浑身纹饰精美。背后有错金铭文"子午弄鸟",意为一个叫子的人制作用来喝酒、把玩的器物。也有人认为该铭文为"子止弄鸟",意在告诫人们不要玩物丧志。

商·四羊方尊

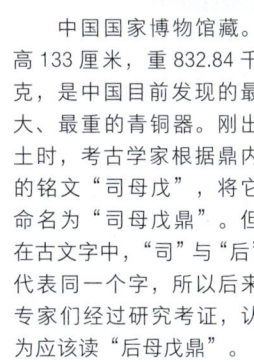

西周·象首耳兽面纹铜罍

　　四川博物院藏。罍(léi)是古人祭祀用的礼器,也是用来装酒的盛酒器。这件罍身上的纹饰种类繁多,包括象、牛、祭祀的人等,是四川博物院的镇馆之宝,更被誉为"国宝中的国宝"。

　　中国国家博物馆藏。高58.3厘米,重34.5千克。尊是古人用来盛酒的酒器。四羊方尊造型奇特精美,尊身四周各有一只栩栩如生的卷角羊,还有多种怪兽纹饰,看起来古朴而神秘。此尊用块范法浇铸而成,巧夺天工,体现出高超的铸造水平,被史学界称为"臻于极致的青铜典范"。

商·后母戊鼎

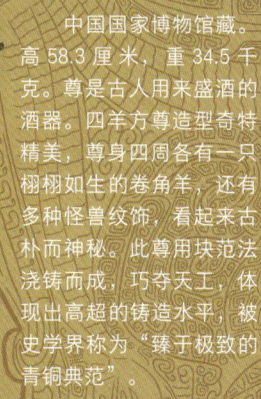

　　中国国家博物馆藏。高133厘米,重832.84千克,是中国目前发现的最大、最重的青铜器。刚出土时,考古学家根据鼎内的铭文"司母戊",将它命名为"司母戊鼎"。但在古文字中,"司"与"后"代表同一个字,所以后来专家们经过研究考证,认为应该读"后母戊鼎"。

匠人手中的秦汉风韵

秦汉时期是封建制度逐渐完备的关键阶段，也是中国文字演变和书法篆刻艺术发展的重要历史时期。

在中国传统的古建筑中，一块砖就是一页鲜活的历史，一片瓦就是一个耐人寻味的故事。秦砖汉瓦，作为中国建筑史上的一颗璀璨明珠，以其精美的文字、华丽的图案再现了秦汉帝国的历史。

秦·夔（kuí）纹大瓦当

出土于绥（suí）中姜女石秦汉行宫遗址群。这块瓦当呈大半圆形，正面饰高浮雕夔纹，是中国迄今为止发现的最大瓦当，堪称"瓦当王"。

汉·"汉并天下"瓦当

汉·"四夷尽服"瓦当

秦代"铅砖"和瓦当

有一种砖质地温润而坚硬，有人评价它"敲之有声，断之无孔"，也有人形象地称呼它为"铅砖"，它就是久负盛名的秦砖。秦砖的造型种类繁多，有条砖、方砖等。大多数砖面饰有太阳纹、米格纹、小方格纹、平行线纹等。

瓦当，起初是古代建筑中保护屋檐椽头不被风雨侵蚀的一个重要构件，后来人们在上面增加各种装饰图案，使建筑更有美感。秦代瓦当大多是圆形和半圆形，纹样主要有动物纹、植物纹和云纹三种。云纹瓦当是出土瓦当中数量最多的一类，它常装饰在宫殿楼阁等建筑上，反映了当时人们渴望求仙升天、祈福安康的思想。

汉代画像砖和瓦当

画像砖，即在表面雕刻有画像的砖。汉代画像砖，宛如一部汉代历史画卷，充分表现了当时人的生产活动和生活场景。有描绘日常农耕生活场面的，如播种、收获、采莲等；有描绘手工业场面的，如酿酒、推磨、舂米等；更有一些画像砖反映富人生活的车马出行、宴饮等场景。汉代画像砖上也有大量的动植物形象，如马、鹰、猪、莲、梅和其他花草等。

在秦代瓦当的基础上，汉代瓦当青出于蓝而胜于蓝，其数量更多、种类更丰富、纹饰也更精美。汉代瓦当以动物装饰最为优秀，除了造型完美的"四神"以外，牛、马、兔、鹿等动物也纷纷成为瓦当的纹饰。汉代还出现了大量的文字瓦当，不同的文字寄托了人们不同的愿景。

汉·"万岁"瓦当

汉·舂（chōng）米画像砖

汉代的"四神瓦当"青龙、白虎、朱雀、玄武象征东西南北四个方向。

汉·四神瓦当

"四神瓦当"

"四神瓦当"，即青龙、白虎、朱雀、玄武纹瓦当，是汉代瓦当的代表作。《三辅黄图》云："苍龙、白虎、朱雀、玄武，天之四灵，以正四方。"青龙是我国古代神话中的东方之神，后为道教所信奉；白虎是我国古代神话中的西方之神；朱雀凤头鹰喙，鸾颈鱼尾，是我国古代神话中的南方之神；玄武是龟和蛇的组合体，是我国古代神话中的北方之神。古人认为，这四神具有驱邪避灾的神力，可以保护人们幸福安康。

瓷韵隽永，风华绝代

中国号称"瓷之国"，西方人用"china"代指瓷器，法国国王路易十四甚至修建了"中国宫"用来收藏瓷器。

伴随着海上贸易的发展，精美的中国瓷器远销海外，被日本人视若"国宝"，更是成为西方人眼中"神赐的礼物"。制瓷技术是如何在中国被发明出来并不断完善，最终烧制出这些令无数外国人叹服的瓷器呢？

元·钧窑镂空座四管耳双螭耳瓷瓶

此瓶分为上下两部分，上为瓶形，下为镂空瓶座，连为一体。瓶体通施天蓝釉，釉层比较厚，釉色不均匀，部分流于底部，俗称"流釉"。

宋·哥窑八方碗

此碗通体施青釉，表面布满开片纹。与内壁相比，外壁裂纹更大。整体造型新颖雅致，线条流畅自然，是难得一见的珍品。

瓷器的发展过程

据考古发掘资料证实，中国瓷器起源于商周时期，至春秋战国时期已成功烧造出成熟的青瓷。隋唐至五代时期，中国瓷器发展出现了南北瓷器竞相绽放的繁荣景象。宋元时期，中国制瓷业发展进入鼎盛时期，名窑名瓷百花齐放。明清时制瓷工艺流程超越前代，瓷器发展达到巅峰。

宋·官窑粉青釉海棠式套盒

此套盒上的釉色溢青流翠，含蓄内敛，莹润如玉。釉面片纹纵横交错，大片纹间闪现小冰裂纹，是宋代官窑佳品。

瓷器发展到宋代可谓名窑迭出，诞生出汝窑、官窑、钧窑、哥窑和定窑五大名窑。常见的瓷器器型有出戟（jǐ）尊、琮式瓶、斗笠碗、鬲（gé）式炉等。

汝窑

汝窑为五大名窑之首，位于宋代汝州（今河南宝丰），釉色以温润典雅的天青为贵。宋徽宗时期，汝瓷在造型和纹饰上堪称完美。

官窑

官窑指在北宋汴京和南宋临安建造的窑址，以烧制青釉瓷器闻名于世，特点是底部露胎处呈铁褐色，有"紫口铁足"之称。

钧窑

钧窑在今河南禹州，工艺技术也是在宋徽宗时发挥到极致。钧窑首创铜红窑变釉，打破了中国陶瓷单一釉色的局面。

哥窑

哥窑相传是宋代章生一在浙江龙泉主管的窑口。哥窑瓷器以纹片闻名于世，其中多为黑黄相交，有"金丝铁线"之称。

定窑

定窑位于今河北曲阳县，主产白瓷，胎质十分坚硬。它的造型以盘、碗等实用器物为主，颇有象牙般的质感。

宋·定窑白釉四系八方瓶

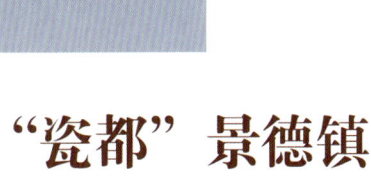

宋·汝窑青瓷莲花式温碗

"瓷都"景德镇

景德镇在今江西省东北部，由于富含烧制瓷器必备的瓷土，早在南朝陈时就有匠人在此生产瓷器；五代时已烧制白瓷；经过宋元时期的积累，再凭借创烧青花瓷的成功，景德镇终于在明清时迎来空前的繁荣。这里生产的瓷器质量精良、种类繁多、装饰多样，以"白如玉，明如镜，薄如纸，声如磬"的独特风格闻名海内外。青花瓷、粉彩瓷、玲珑瓷和颜色釉瓷，更是并称为景德镇四大名瓷，代表着当地制瓷工艺的最高水准。

清·五彩山茶桃花图盘

独属大唐的浪漫色

唐三彩生动地展现了唐代的社会风貌，因此后世形象地称它为唐代社会的"百科全书"。

唐三彩

唐·三彩鸿雁纹盘

唐·三彩釉陶武士俑

唐·三彩灯

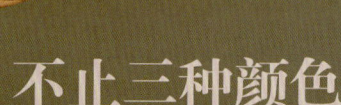
唐·三彩釉陶胡俑

不止三种颜色

唐三彩，全名唐代三彩釉陶器，是盛行于唐代的一种低温彩釉陶器。不过，唐三彩的釉色不限于三种色彩，除白色（一般微带黄色）外，还有浅黄、赭（zhě）黄、浅绿、深绿、蓝色，也有少量茄紫色。

唐三彩有多种

唐三彩的造型丰富多样，主要包括人物俑、动物俑、镇墓俑、模型明器、生活用器、建筑构件等。唐三彩人物俑一般都是反映政治场景和日常生活的俑，包括文官俑、武官俑、武士俑、男女侍从俑、胡俑等；唐三彩动物俑是非常重要的类型之一，尤以马与骆驼最为常见；唐墓中的镇墓俑一般以组合形式出现，另外还有其他的神怪俑。

仕女俑婀娜多姿，文臣俑峨冠博带，武士俑不怒自威，骏马俑身姿矫健……千姿百态的唐三彩以其出神入化的造型、精美细致的雕塑技巧赢得了世人的青睐。这一举世卓绝的艺术品难掩其光，从中国走向世界，影响了多个国家的制陶史。

唐·三彩载乐骆驼俑

骆驼引颈长嘶，驼背上的毛毯上共有八名乐手。七名男乐手手持胡人乐器，面朝外盘腿坐着演奏，中间有一名女子站着唱歌，显然这是一个流动演出团。

唐·三彩鹰首壶

唐·三彩女坐陶俑

唐·三彩釉陶女俑

风行一时的随葬品

唐三彩如此精美，它到底是用来做什么的？原来，唐三彩在古代大多充当随葬品，也有少量发现于城市遗址、陶窑遗址中。唐代时，国力强盛，崇尚奢侈豪华、讲究排场成为当时的社会风气。达官贵人们在满足了自己生前的追求后，开始对墓葬的事情考究起来，于是厚葬之风开始盛行。此时的唐三彩因为造型美观、装饰考究、色泽鲜艳而得到了人们的青睐。

鹰首壶是唐代陶瓷器中新出现的造型。这件器物壶身修长，椭圆形口，颈上部塑一鹰首，鹰首上方为壶口。鹰嘴微张，口衔珠。壶腹为椭圆形，下方高足为喇叭形。

昙花一现的遗憾

安史之乱后，唐三彩逐渐没落，成为中国历史上昙花一现的艺术瑰宝。在此之后，"辽三彩"和"宋三彩"开始登上历史舞台，展现了不同时代的审美情趣。尽管唐三彩流行时间短，但其影响深远，朝鲜半岛的"新罗三彩"、日本的"奈良三彩"、波斯三彩和埃及的多彩陶器等都受到唐三彩的影响。

秦王扫六合，
虎视何雄哉！
挥剑决浮云，
诸侯尽西来。

兵马俑坑是秦始皇帝陵陪葬坑之一，也是世界上最大的地下军事博物馆。目前已发掘了 3 个俑坑，其中武士俑约 8000 件，还有战车、战马和各种兵器。"千古一帝"秦始皇究竟统率了一支怎样的军队才能横扫六国、一统天下？随着 1974 年秦兵马俑的出土，这一谜题被解开了。

埋伏于地下的军团

秦·中级军吏俑

秦·彩绘跪射俑

秦·绿面跪射俑

千俑千面

兵马俑是由当时的工匠仿真人真马的尺寸用陶土烧制而成，兵俑的平均身高在 1.75 米左右。秦始皇兵马俑坑中出土的兵俑姿态各异，几乎无一雷同，不仅装束、手势不一样，就连细微的发型、表情都各不相同。从他们的装束、表情和手势上，就可以判断出他们的年龄、身份和兵种。

此俑出土于弩兵阵中心，他身披铠甲，头顶右侧绾一发髻，左腿曲蹲，右膝着地，双手置于身体右侧作握弓弩待发状。跪射俑的塑造比其他陶俑更加精细，其原本的彩绘保存较完好。

五颜六色

兵马俑原本都是五颜六色的，他们的面部及手脚是粉红色的，表现出肌肉的色泽和质感；头发、胡须等都涂了黑色，铠甲服饰也涂了不同颜色。可惜的是，这些颜料在出土后大多被空气氧化，成了我们现在看到的样子。

铜车马

秦始皇统一六国后，随着国力的不断强盛，加上秦王朝追求盛大气势，秦始皇要求秦兵马具有高大的体形、健硕的体态。秦始皇曾经多次到全国各地出巡，每次出巡都伴有声势浩大的车马队伍，以显示秦朝强盛的实力。因此，车马成为秦始皇生活中彰显地位的重要组成部分。随着青铜冶炼技术的提高，为满足帝王"事死如事生"的需要，大型的青铜彩绘铜车马应运而生。

铜车马于1980年出土于陕西省临潼秦始皇帝陵封土西侧，共两乘，大小为真实车马的二分之一，均为双轮、单辕、前驾四马结构。

一号车为"立车"。车厢中间竖起一杆圆形伞盖，驾车的驭手站在伞下偏右的地方。他身上佩带长剑，手握马辔（pèi）。车上放有铜弩、箭匣、铜盾牌等兵器。

兵马俑

秦·铠甲陶武士俑

秦·立射俑

秦·高级军吏俑

此俑身穿双重长襦，外披彩色鱼鳞甲，头戴鹖（hé）冠，双手拄剑，是迄今出土的职级最高的秦俑。

陶马

秦·铜车马一号

23

不朽的红黑艺术

"清如油，明如镜，扯起金钩子，照尽美人头"，制作一件简单的漆器需要经历上百道工序。

漆器是中华民族的伟大创造之一。漆是从哪里来的？漆器又是如何形成的？让我们一起探索这无比斑斓的漆器世界，去找寻漆与漆器的动人故事吧！

汉·彩绘漆鱼纹耳杯

耳杯在古代既是一种饮酒器具，又是食具。根据耳杯耳部形制上的不同，耳杯可分为三类：耳略呈方形、耳呈圆弧形、耳呈不规则形。图中耳杯内底彩绘一条鱼，线条极其简练，反映了西汉鼎盛时期的文化风貌。

漆从哪里来

漆，又被称作大漆、土漆等。这里所说的漆可不是今天常见的化学油漆。那古代的漆到底是从哪里来的？我国是世界上最早发现并使用漆的国家。早在新石器时代，我国先民就惊奇地发现用漆树上割取的天然汁液涂在木制器物表面，可以让其经久不朽。防腐，是漆器诞生的最初原因。渐渐地，人们开始思考，怎样才可以既保证器物耐用，又能让器物变得更好看、更美观？人们开始用各种颜色的漆制成不同的花纹样式，增加器物的美感，于是就产生了漆器技艺。

战国·彩绘猪形盒

战国·虎座鸟架鼓（复制品）

漆器

为什么漆器会千年不朽

腐朽,似乎是所有木器的宿命。然而,考古学家在古墓中发现了很多漆器,它们虽然历经千年,却依然色泽鲜艳,如同新的一样。为什么这些漆器可以千年不朽?原来是表面的漆守护了它们千年,这些漆具有耐酸、耐碱、耐高温、杀菌、防潮等功能,加之当时漆器技艺得到了空前的发展,制作技艺不断改进,这些因素使得漆器千年不朽。

汉·云纹漆鼎

此器物呈椭圆球形,分盖和器身两部分。盖呈球面形,上有三个橙色的环形钮,盖与鼎身用子母口套合。

春秋·彩绘几何纹漆方壶

这只距今 2000 多年的酒壶,竟然是用木头制作的。它是现今发掘出的保存完整的古代木质漆器之一。

漆器中的"架子鼓"

漆木虎座鸟架鼓兴起于战国早期,盛行于战国中期早段至战国晚期早段,衰落于战国晚期中段至秦。它由虎形鼓座、凤鸟架和鼓三部分组成,可用于祭祀、宴享、战争等方面,是楚文化特有的漆木乐器之一。目前楚墓出土的漆木虎座鸟架鼓有几十件,其中湖北省博物馆收藏的虎座鸟架鼓尤为知名。

虎座鸟架鼓器形高大,造型独特,作为一种打击乐器,可以发出响亮的声音。上方的两只小老虎后足蹬踏在凤鸟背脊,前足上托鼓框,形成了一种极具动感的艺术造型。整个鼓身髹(xiū)以黑漆,红、黄等多种颜色用于装饰,尽显楚文化的浪漫与神秘。

专题 中国古代货币

人类社会起初并无货币存在，它是商品长期交换过程中的自然结果。

在秦始皇统一货币之前，货币形式多样。你知道中国最早的硬币长什么样子吗？

秦·"半两"铜母范

秦·半两钱

宋·货郎图

中国的第一枚"硬币"

秦始皇不仅是中国历史上的第一位皇帝，历史上的第一枚"硬币"也是出自他统治的秦朝，那就是"秦半两"。"秦半两"是秦统一六国后为了方便管理国家而铸造的货币，圆形方孔，重量为半两。古代中国钱币的形制基本都以"秦半两"为范本。

古币的发展历程

在遥远的原始社会，人们使用自然界本身就存在的、方便易携带的坚硬物体作为货币，比如贝壳、动物的牙齿等。随着人们学会冶炼金属，金属货币（如刀币）登上了历史舞台，直至"秦半两"登场，全国的货币得到了统一。商业开始繁荣发展后，随身携带大量货币在全国进行贸易并不方便，所以，在北宋初年，出现了中国最早的纸币——交子。至此，我们现代日常生活所需要的硬币、纸币的前身已经全部出现。

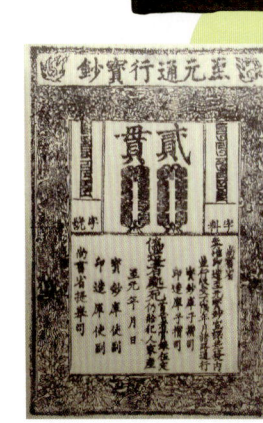

元·至元通行宝钞

古今钱币

我们逛博物馆的时候会发现，古代使用的铜钱和银票与我们现代使用的货币有很大差别，比如古代使用的硬币多为圆形方孔的铜币，而我们现在使用的硬币却是完整的一枚圆形；古代使用的纸币叫作"交子""宝钞"，防伪手段很少，而我们现代使用的纸币有多重防伪手段，安全性更高。

为什么会出现这些区别呢？首先，古代人讲究天圆地方，圆形方孔钱包含了中国古人的宇宙观，并且钱币中间有孔，方便人们外出时穿绳携带。此外，随着钱币铸造工艺的进步，硬币由古代模具冲灌而成，转变为由现代机器压制而成，带有方孔反而会增加成本。同时，方孔的取消使钱币表面积增加，更容易设计出复杂的防伪图案，硬币变美的同时，安全性也大大增加。

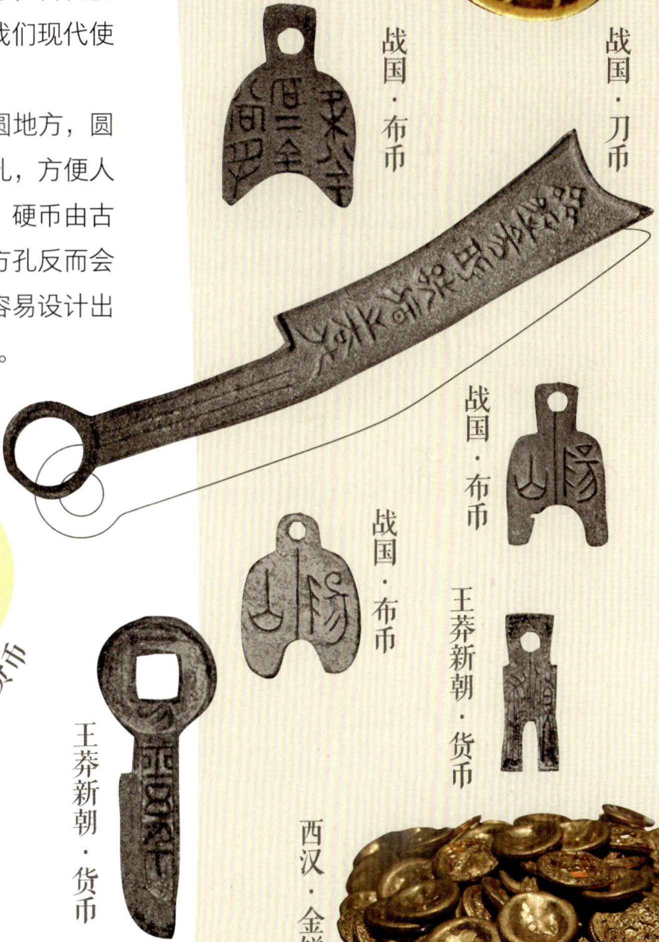

贝壳货币

战国·布币

战国·刀币

战国·布币

王莽新朝·货币

王莽新朝·货币

西汉·金饼

在当今社会，我们更多采用电子支付，使用现金的场合越来越少。

西汉时，诸侯王用金饼缴纳酎金，皇帝用金饼来赏赐。

东方巨龙，中华脊梁

> 却匈奴七百余里，胡人不敢南下而牧马，士不敢弯弓而抱怨。
> ——[汉]贾谊《过秦论》

万里长城犹如一条巨龙盘亘起伏于中国北方的崇山峻岭之中，它是中华民族智慧和不屈精神的体现，也是中国文化的象征，是世界建筑史上的奇迹。

长城的诞生

长城的建造，最早可以追溯到公元前7世纪的楚国。春秋时期，楚国为了防御齐国的进攻，在齐楚边界（今河南、山东部分地区）建起一道城墙，时称"方城"。此后，其他诸侯国纷纷在边界修建起城墙做防御之用。其中，秦、赵、燕三国北临匈奴，他们都在北边边界筑起长城以防御匈奴。

公元前221年，秦始皇灭六国而一统天下，此时秦朝最大的敌人是北方的匈奴。秦始皇派长子扶苏与大将蒙恬率军三十万北击匈奴，并耗时十年，将秦、赵、燕三国长城连接起来，建成了西起临洮（táo）、东至辽东的系统军事防御工程——秦长城。

金山岭长城烽火台

在古代，烽火台白天点燃的烟叫"烽"，夜晚燃起的火叫"燧"，所以烽火台又称"烽燧"。最早的烽火台是独立建在视野开阔的制高点处，专门观察敌情、传递消息的通信工具，并配有专门的守备军士。

汉长城

汉长城的修建主要有两大功用，一是防御北方匈奴，二是保障"丝绸之路"的畅通及长城沿线屯田的安全。今天，在甘肃境内还有汉长城遗址，敦煌玉门关的汉长城由于降水少、人类活动少等原因而保存得最好。

甘肃敦煌玉门关汉长城遗址

汉长城是在秦长城的基础上进一步修建的，一般分为内外两重。沿城墙建有诸多亭、障、烽、燧，形成"五里一燧，十里一墩，卅（sà）里一堡，百里一城"的防御系统。

明长城

明朝深受北方游牧民族的侵扰，自明太祖朱元璋时期就开始大力修建长城，明成祖朱棣迁都北京后更是加大修建力度。明朝修长城的惯例延续了270年之久。明朝名将戚继光监修过不少段长城，如天津黄崖关长城、河北滦平金山岭长城、北京密云古北口长城、怀柔慕田峪长城、延庆八达岭长城等。

长城

关城

因军事防御对地形地势的需要，长城大多依山而建，修建难度很大。而关城则要修建在山岭上最险要的地方，或是平原的险要关口处，易守难攻。关城是防线上的重要据点，是长城沿线上的交通要塞，如山海关、居庸关、镇北台、嘉峪关等。守住关城对一场战争的胜利起着至关重要的作用。

山海关

山海关位于燕山和渤海之间，是明长城最东端的关隘，有"天下第一关"之称。它是我国一道重要的地理分界线，关口以东地区称"关外"或"关东"。

镇北台

镇北台位于陕西榆林城北红山顶上，修建于明万历年间，是明朝"隆庆议和"与"和平互市"的产物，更是"蒙汉一家"和边关和平发展的见证者。

嘉峪关

嘉峪关位于甘肃省嘉峪关市西部，是明长城最西端的关口，历史上曾被称为河西咽喉，是丝绸之路的交通要塞，号称"天下第一雄关"。

嘉峪关城楼

如果要在中华大地上找一处最有特色的建筑，那一定是故宫——华丽不失庄重，肃穆不失神采。曾经的辉煌和风华都能在这里找到注解。

它凝聚着 600 年宫廷历史的变迁和人世沧桑，积淀了几千年的文化内涵和生命智慧，以其厚重的内涵，成为中华民族文化、艺术、建筑等发展的里程碑。

中国古代建筑的集大成者

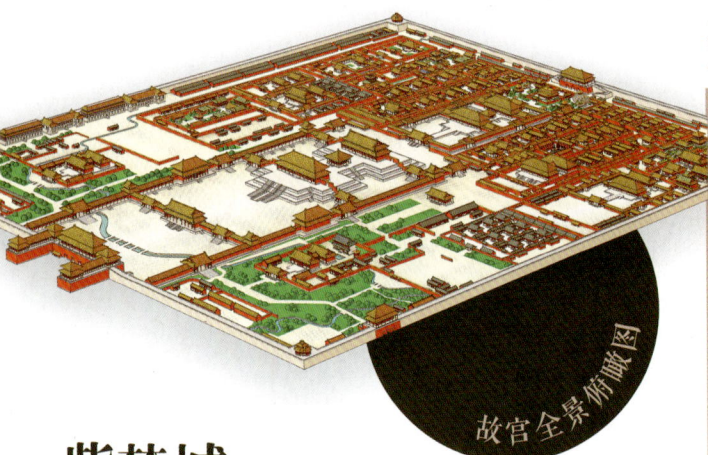

故宫全景俯瞰图

紫禁城

故宫位于北京市中心，旧称"紫禁城"，始建于明永乐四年至十八年（1406—1420），距今已有600多年历史，是中国现存规模最大、保存最完整的古代宫殿建筑群。这里曾是明清两个王朝的皇宫，现辟为故宫博物院。故宫的整个建筑金碧辉煌，庄严肃穆，是世界著名宫殿之一，并于1987年被联合国教科文组织列入《世界遗产名录》。

建筑布局

故宫的设计完全按照君权的至高无上和绝对权威来安排布局，使其成为一个主次分明、尊卑有序的整体。

故宫坐北朝南，占地面积达112万平方米，南北长961米，东西宽753米，共有9000多间房屋。正门为午门，东西分别为东华门和西华门，北为神武门。宫墙的四角有角楼，墙外便是护城河。故宫依据功用划分为"外朝"和"内廷"两部分。外朝包括前三殿（太和殿、中和殿、保和殿）、文华殿、武英殿。内廷位于保和殿以北，以乾清宫、交泰殿、坤宁宫三座宫殿为主体建筑。内廷最后部分为御花园。

故宫

诗情画意的内廷

故宫内廷极富生活气息，庭院深邃，建筑紧凑。东西六宫自成一体，各有宫门宫墙，相对排列，秩序井然，再配以宫灯对联、绣榻床几，无不体现奢华的生活。内廷之后是故宫后苑。后苑里有岁寒不凋的苍松翠柏，有秀石叠砌的玲珑假山，楼阁亭榭掩映其中，幽美而恬静。行走其中，仿佛置身苏州园林，目之所及，皆如一幅幅写意的中国画。

金嵌珍珠宝石圆花为古代女性头饰品，圆形金质底托上镶嵌珠宝，中心镶一颗祖母绿宝石，外围嵌两圈宝石和一圈珍珠，边缘有一圈可系缀的套环。

太和门前的雄狮

清·金嵌珍珠宝石圆花

清·金嵌宝石朝冠耳炉

儒家思想的体现

故宫的一草一木都蕴含着一定的象征意义，体现了中国古代文化的精粹。故宫各处建筑的名称中多含有"仁""和""中""安"等字，如天安门、太和殿等，这些字所代表的意义是中国儒家思想的核心，即"中正""仁和"，突出了传统文化中的儒家理念。

太和殿
太和殿是故宫内等级最高的殿堂，最初叫奉天殿，明嘉靖年间改称皇极殿，清顺治二年（1645）改太和殿，寓意"天下和谐"。它是举行重大典礼仪式如皇帝登基、大婚等的场所。

中和殿
帝王举行大典前休息或演练礼仪之所。

保和殿
举行殿试或宴请王公大臣的场所。

平遥古城的影响很大，徽州古城的地域特色很浓，丽江古城的名气很大，阆中古城则有一种低调的美。中国还有许多古城……

一半烟火，一半诗意

在中国几千年的历史文化中，有着众多的历史文化名城。对于这些见证朝代更迭、历经沧海桑田的古城，你了解多少呢？

徽州古城：一生痴绝处

徽州古城，又名歙（shè）县古城，古称新安郡，位于安徽省黄山市歙县徽城镇，始建于秦朝。徽州古城分内城、外廓，有东西南北4个门，还保留着瓮城、城门、古街、古巷等，城内如今还保存着徽园、渔梁坝、许国石坊、陶行知纪念馆、新

徽州古城

丽江古城：十足的烟火味儿

丽江古城始建于南宋末年，选址独具特色，西靠狮子山，北依象山、金虹山，南向开阔平坝。古城在明朝末年已初具规模，以古色古香的石板四方街为中心，街道与小巷交相勾连，呈蛛网状分布。街道均为石子铺就，石子路干净整齐，晴不扬尘，雨不积水。城中石拱桥、木板桥数目众多，每一条街道都伴随着潺潺溪流，溪流交织穿梭。街畔"户户朝阳，家家流水，户户垂杨"，悠悠轮转的木制水车，花近高楼的酒肆茶楼，俨然一派"高原水乡"。在众多堪称世外桃源的美景中，云南的丽江是位真正的隐士。无论是路人稀疏的黎明，还是华灯初上的傍晚，它的宁静如古井无波，难以被外界所扰。

安碑园、太白楼等多处文化景点。徽州古城代表的不只是安徽的历史与文化,也是中国几千年封建社会的缩影。有关徽州的历史、文化、名人等不胜枚举,徽派篆刻、徽剧、徽派建筑等都是从徽州产生并影响深远的传统文化艺术。

古城

阆中古城:中国春节文化之乡

阆中古城位于四川省东北部、嘉陵江中上游,已有2300多年的建城历史,战国时期曾为巴国国都。它是现存"唐宋格局、明清风貌"的古城,素有"阆苑仙境"的美誉。这里不仅风光优美、名胜众多,还是国内有名的"中国春节文化之乡"。名胜古迹是阆中古城的一大亮点,这里拥有汉桓侯祠、清代贡院等"国保"文物八处;有王皮影、巴象鼓舞等非物质文化遗产;还有华光楼、明代白塔等众多"省保"文物。"诗圣"杜甫盛赞其"阆中城南天下稀",苏轼、陆游、丰子恺等文人墨客也留下了无数诗篇。

徽州砖雕

平遥古城北门城楼

平遥古城:天人合一的"乌龟八卦城"

平遥古城拥有400余处古民居,是保存最完整的古代县城之一。在平遥古城中,有规模宏大、气势雄伟、国内保存最完整的古城墙;有始建于北汉天会年间珍贵的木结构建筑——镇国寺万佛殿;有始建于北齐武平年间,被誉为"中国古代彩塑艺术宝库"的双林寺;有中国宋金时期文庙的罕见文物——文庙大成殿;有被誉为"天下第一号"的"日昇昌"票号。当地人称平遥为"乌龟八卦城",鸟瞰这座古城,形状确如乌龟。

33

诗意的栖息地

"人家尽枕河""水巷小桥多",从南北朝的山水诗到唐诗宋词,江南是被反复吟诵的主题。

"江南好,风景旧曾谙",江南风景的好,是能留宿太湖畔,听浪打船板伴雨眠,闲看烟雨朦胧;也是驻足苏州园林,倚窗望烟柳画桥,醉心花香袭人。但在游览江南美景前,你知道有哪些知识需要了解吗?

何为江南

"江南可采莲,莲叶何田田。"这句诗出自脍炙人口的汉乐府《江南》,很多人都能背得出。对很多中国人来说,这是对江南的最初印象。可是,江南到底指哪里?《现代汉语词典》对"江南"一词有两个解释:一是长江下游以南的地区,就是江苏、安徽两省的南部和浙江省的北部;二是泛指长江以南。"江南"一词的两种含义可分别叫作"小江南"和"大江南"。"江"指长江,因此无论大江南、小江南,都在长江以南。

水乡江南

浙江河姆渡遗址出土的猪纹陶钵

江南的鱼塘

水乡泽国和鱼米之乡

江南气候温暖湿润，土地平坦肥沃，纵横交错的河流带来丰富的灌溉水源，滋润了水稻、大豆等粮食作物的生长，使江南成为全国重要的粮仓，素有"苏湖熟，天下足"的美誉。再加上江南有长江、钱塘江和太湖密切相通，大运河、沟渠等水利设施密如织网；河湖港汊之间，尽是鱼塘、莲池和水乡，使得白鱼、银鱼和白虾这有名的"太湖三宝"能在江南得以繁衍，从而造就江南成为富饶的"鱼米之乡"。

在中国的版图上，水乡泽国、鱼米之乡主要出现在南方，而真正能将两者融为一体的，非江苏莫属。古有"江河淮济"四渎之说，江苏就占了两个；五湖之说江苏又占了两个，因此称江苏为水乡泽国再合适不过了。有了丰富的水资源，再加上肥沃的平原，稻米鱼虾自然不在话下。

厚重的文化底蕴

富饶的经济基础，使江南历来有崇文重教的风尚。自宋代以来，书院、私塾在江南蓬勃发展，其中值得一提的便是中国古代官员的摇篮——江南贡院。

江南贡院位于南京，初建于南宋，直到清末废除科举时才停用。它作为江南地区考生参加科举考试的考场，为历朝历代输送多名举人，唐伯虎、郑板桥和林则徐等皆在这里参加过考试。

明远楼

明远楼是江南贡院的中心建筑，处于江南贡院建筑群的中轴线上，始建于明嘉靖十三年（1534），至今已有约500年的历史。

山水画中，桥影斑驳

桥，中国文化中独有的意象。从"驿外断桥边"的孤寂，到"二十四桥明月夜"的旖旎，它是游子的乡愁，也是爱人的相思。

一座座古桥就像人间的彩虹，连接着美丽的山水。走一座桥，看一处风景，听一段动人的故事。让我们步入"桥"的世界，聆听一个个古老的故事吧！

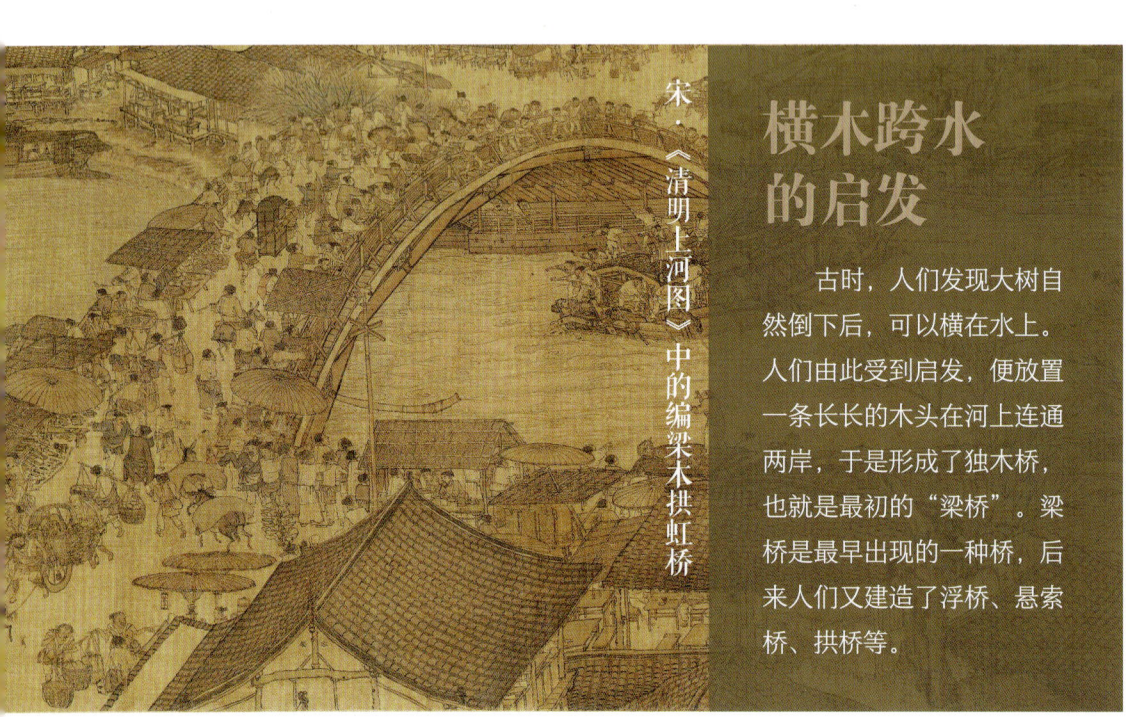

宋·《清明上河图》中的编梁木拱虹桥

横木跨水的启发

古时，人们发现大树自然倒下后，可以横在水上。人们由此受到启发，便放置一条长长的木头在河上连通两岸，于是形成了独木桥，也就是最初的"梁桥"。梁桥是最早出现的一种桥，后来人们又建造了浮桥、悬索桥、拱桥等。

桥的形式有多种

梁桥，是中国古代最普遍的桥梁，比较容易建造，即把木头或石梁架设在河谷两岸。浮桥，一般是用船或浮箱代替桥墩，浮在水面的桥梁。悬索桥，又称吊桥，主要承重结构由缆索（包括吊杆）、塔和锚碇（dìng）三者组成。拱桥，是用拱作为主要承重结构的桥。

古桥·卢沟桥上的狮子

著名古桥的过往

卢沟桥位于北京市丰台区，因横跨卢沟河（今永定河）而得名。1937 年 7 月 7 日晚，早有预谋的日军炮轰中国驻军防地，驻卢沟桥和宛平城的中国守军奋起抵抗，这就是"七七事变"又称"卢沟桥事变"。七七事变标志着中国全民族抗战的开始，卢沟桥因此成为中国人民抗击日本帝国主义侵略的纪念地。

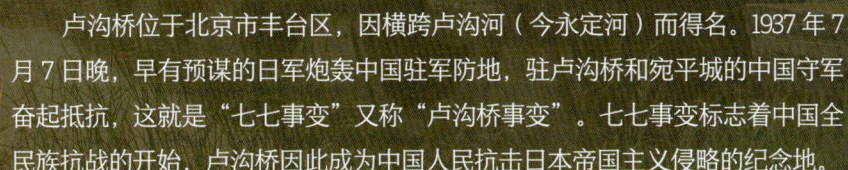
广济桥

赵州桥

赵州桥位于河北省赵县，始建于隋代。匠师李春在总结前人经验的基础上，大胆采用了单孔长跨度的造桥方法，并且首创"敞肩拱"结构形式，使桥梁更轻巧美观的同时，还能减轻洪水对桥身的冲击力，增强桥梁稳固性。

洛阳桥

洛阳桥可不在洛阳。它位于福建省泉州市，是现存最早的梁式石桥，跨越洛阳江。它创造了垒址于渊、种蛎固基等技术，充分体现了我国古代劳动人民的勤劳与智慧。

广济桥

广济桥位于广东省潮州市，它最初是浮桥，由多只巨船联结而成。当大船、木排通过时，便将浮桥中的浮船解开，在其通过后再将浮船归回原处。广济桥能开能合，为中国最早的开合活动式大桥。

孩子一定要知道的

中国国粹

其他国粹精选

民族乐器 中秋节 节坊 长命锁 牌越居

京剧、武术、中医、书法、国画、刺绣……

中国国粹是中国固有文化精髓的代表，
是华夏文明这本大书中最灿烂辉煌的一页。

其以鲜明的个性展现着中华民族传统文化独特的内涵，
散发出无穷的生命力和永恒的魅力。

它们是华夏民族的精神之火，是民族自信的力量之源，
更是中国文化走向世界、放彩全球的标志性符号。

孩子一定要知道的

中国国粹

（共4册）

国风底色

《图说天下》编委会◎编著

甘肃少年儿童出版社

目录

4
东方文明的精华
汉字

8
中华图腾
中国龙

18
与生俱来的标签
姓氏

20
希望的信使
风筝

28
流光溢彩，灯火辉煌
灯笼

30
南狮北舞
舞狮

12
先民抗争的投影
中国神话

14
酸甜苦辣它先尝
筷子

16
专题 中华食文化

22
十二"守护神"
十二生肖

24
丝绸织绣，云锦天章
丝绸

26
华夏衣冠
汉服

32
舞动千年的足尖艺术
蹴鞠

34
且喜人间好时节
二十四节气

东方文明的精华

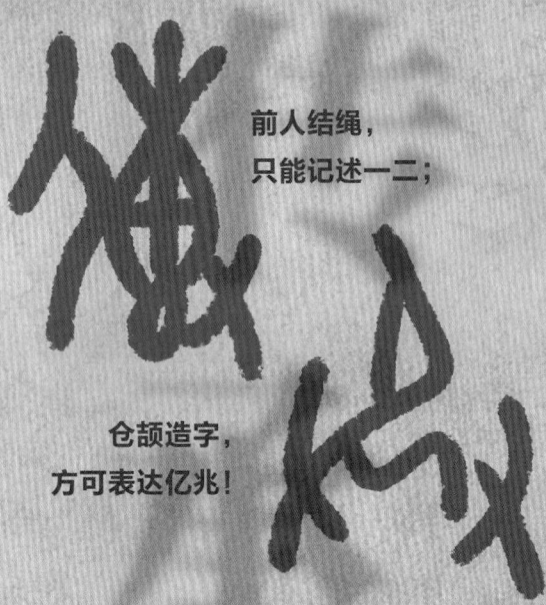

前人结绳，
只能记述一二；

仓颉造字，
方可表达亿兆！

文字是文化传承的一种载体，因为它记载了文化发展的历史轨迹和丰富成果。文字不仅是人类进入文明时代的灯塔，还是人类文明得以传承并不断发展的载体。它的产生标志着社会文明划时代的进步，人们的思想、感情、意志得以转化成精神财富。

汉字的起源

传说仓颉是黄帝的史官，他"首有四目，通于神明，仰观奎星圜曲之势，俯察龟纹鸟迹之象，博采众美，合而为字"。上古社会生产力和文化水平低下，人们对自然和自身的认识过程也相对缓慢，而由一个人去创造出能囊括天地万物的文字体系几乎不可能，仓颉极有可能是汉字形成过程中所有创造者的一个缩影。

史书中的仓颉所处的时代距今 4000 多年，当时的氏族都有自己的图腾，他们将自己的图腾画成符号作为精神象征。人们通过观察万物的形状和动态创造出象形符号，再融汇众多图形之美而创制出文字。可见，汉字最早的起源主要应当追溯到氏族社会的图腾符号上。随着氏族部落之间的兼并融合，汉字体系也逐渐丰富、完善。

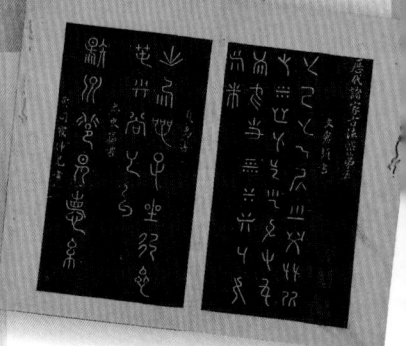

宋拓《大观帖》之仓颉书

故宫博物院藏。仓颉书最先收录于宋太宗淳化三年（992）编印的《淳化秘阁法帖》，后收入宋徽宗大观三年（1109）编印的《大观帖》。帖中 28 个古怪符号相传为仓颉最早创制的象形文字。

最早的汉字

清朝末年，河南安阳有位农民从地下挖出了一些刻有符号的龟甲和兽骨，当作"龙骨"卖给中药店做药材。所谓"龙骨"，就是远古时期哺乳类动物的化石，是一种中药药材。1899年，金石学家王懿荣买药时偶然发现龙骨上刻着的符号，认为这是古文字，就把刻有符号的龙骨都买了下来。后经过学者研究确定，这些符号就是诞生在距今3000多年前殷商时期的甲骨文。

甲骨文是迄今为止我们见到的最早的汉字。那时还没有纸，人们便把文字刻在打磨光滑的龟甲和兽骨上，通常用以记事或记录占卜吉凶时刻字的卜辞。

这是一块牛骨，呈匕首状。一面刻有精美的纹饰，另一面刻有排列规整的甲骨文，记述了一个叫宰丰的人受到商王赏赐的事情。

商·宰丰骨匕刻辞

商·"王大令众人曰协田"刻辞卜骨

此片骨甲主要记述了在武丁某年五月、六月的卜询。武丁亲自占卜后判定边界有患，遂收到土方等入侵骚扰的报告。由于所发事件重要，刻辞涂满朱砂，以示与普通甲骨刻辞有区别。

这块卜骨上文字释作"（王）大令众人曰：协田，其受年？十一月"，即商王命令众人进行协田活动。协田，一般指在土地上进行集体耕作。

商·"土方入侵"涂朱卜骨刻辞

甲骨文与现代汉字对照

 安
 兵
 朝
 赤
 癸
 火
 教
 疾
 来
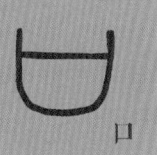 口
 利
 山

汉字的演变

汉字字形的演变是一个由繁到简的过程。从最初的甲骨文到金文，再到篆书、隶书、今天使用的楷书，汉字字形越来越简化，书写越来越方便，成为文化交流最便捷的工具。

不过从字形上来看，不要说对应的甲骨文，就算是对应的繁体字，恐怕很多人也会挠头。反过来，假如让生活在先秦时期的人们看今天的简体字，或许他们也会像如今破译甲骨文的我们一样困惑吧！

汉字的密码——六书

尽管甲骨文像字谜一般难解，可一旦了解破译"密码"，或许我们能理解的就不止甲骨文了。这个"密码"就是"六书"。"六书"一词最早出现在《周礼》中，但并未指明具体意义。直到东汉班固在《汉书·艺文志》中才明确了"六书"的具体含义。

"六书"是汉字造字的基本原则，即象形、指事、会意、形声、转注、假借。其中，象形、指事、会意、形声属于造字法，转注和假借则是用字法。

象形（鱼）

形声（河）

甲骨文 金文 大篆 小篆 隶书 楷书 简体字

石鼓

故宫博物院石鼓馆藏。石鼓又叫陈仓石碣、岐阳石鼓，为花岗岩质，大小高低各不相同。依据其鼓面上的文字分别被命名为：作原、而师、马荐、吾水、虞人、吾车、汧殹、田车、銮车、霝雨。

石鼓文

唐代初年，在今陕西岐山地区出土了10尊石鼓，每尊鼓面刻有一首四言诗，内容是歌颂国君游猎的情况，这就是石鼓文。石鼓文字形为大篆，体势整肃、端庄凝重，是我国现存最早的石刻文字。后经考证，石鼓文是春秋时期秦国的石刻文字，约成于公元前770至公元前325年之间。

甲骨文中的"鱼"有头、身、尾，是仿照鱼体形来创造的，这种构字法就是形。

形声字有形和声旁，比如，形旁"氵"示水的含义，旁"可"表示的发音。

指事

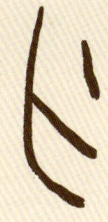

（刃）

在刀的一侧加一点表示刀刃，这种构字法叫指事，即在象形字基础上加象征符号来表明字义。

转注

（考/老）

老和考在古代都有长者的意思，二者可以相互解释，这就是转注。但转注有两个条件：一是部首相同，二是字义相同，缺一不可。

假借

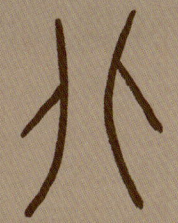

（北/背）

对于无法表述的新事物，借用一个发音或属性接近的字替代。如"北"，古代同"背"，指违背、违反；后造出"背"来表示"北"的本义。

会意

（鸣）

会意是把两个已有的独体字结合起来表达意义，如在鸟的旁边加上口，表示鸟在叫。

汉字民俗

历经几千年的发展，汉字不仅仅是中华文明传承的重要载体，更与人们的日常生活息息相关，比如，不少民俗文化都以汉字为精神内核。

字谜

一种利用汉字的字形、读音、字义等来表达某种内涵的文字游戏，如灯谜。

合文

民间常把一些带有祝福意愿的短语合写成一个字，如"囍""招财进宝"等。

谐音

同音字会被用来喻指吉祥祝福，如蝙蝠的"蝠"与"福"同音，所以传统纹样中常见蝙蝠形象。

对联

门联是一种装饰，也能彰显主人的身份地位。春节贴春联则表达人们对新年的美好愿望。

增减笔

《红楼梦》中林黛玉写"敏"字时总会少写一笔，是为了避讳其母贾敏的名字，表示思念和敬重。

拆字

为了准确地表述某个字而将其分开表述，最常见的如人们自报姓名时会说"弓长张""江鸟鸿"。

7

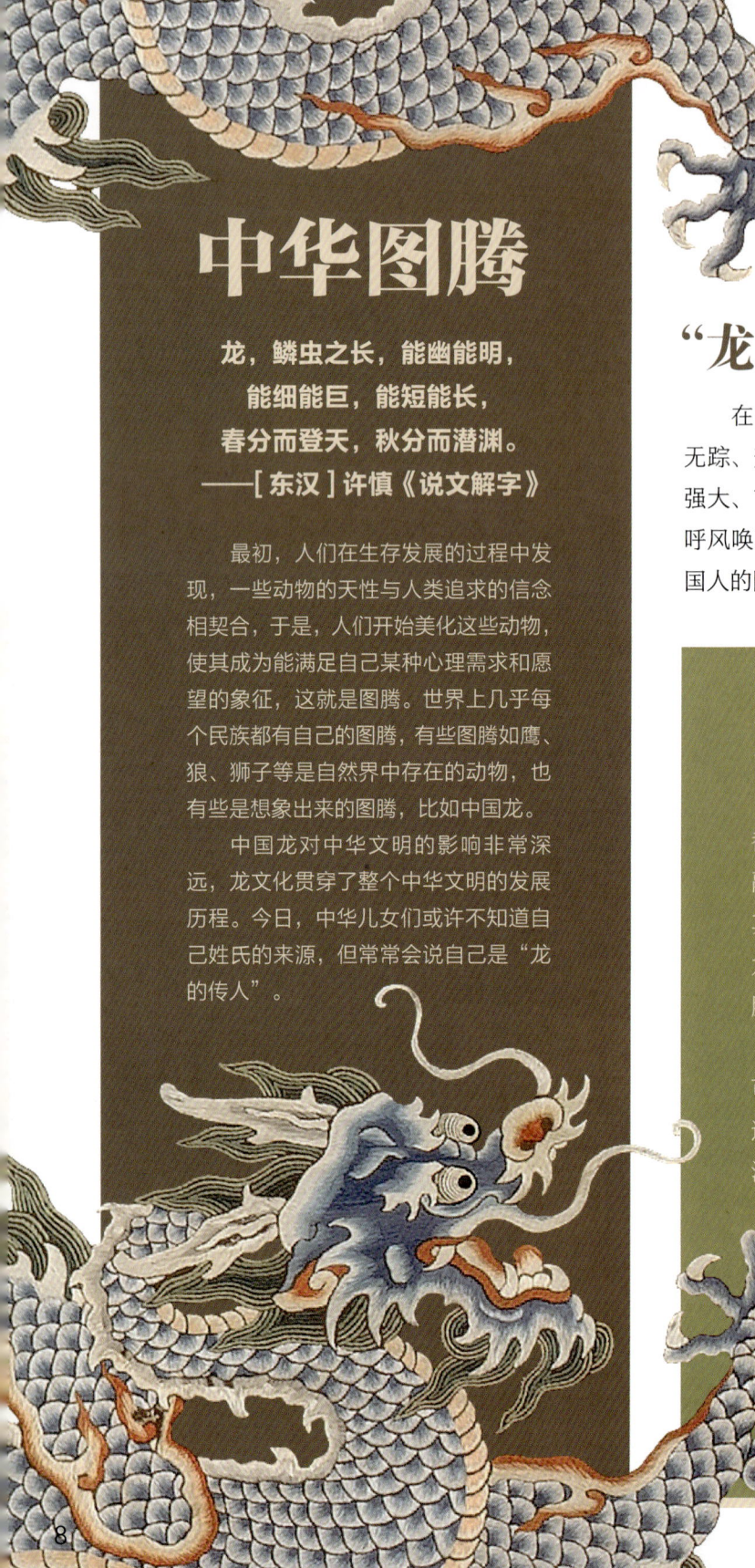

中华图腾

龙，鳞虫之长，能幽能明，能细能巨，能短能长，春分而登天，秋分而潜渊。
——[东汉]许慎《说文解字》

最初，人们在生存发展的过程中发现，一些动物的天性与人类追求的信念相契合，于是，人们开始美化这些动物，使其成为能满足自己某种心理需求和愿望的象征，这就是图腾。世界上几乎每个民族都有自己的图腾，有些图腾如鹰、狼、狮子等是自然界中存在的动物，也有些是想象出来的图腾，比如中国龙。

中国龙对中华文明的影响非常深远，龙文化贯穿了整个中华文明的发展历程。今日，中华儿女们或许不知道自己姓氏的来源，但常常会说自己是"龙的传人"。

"龙"的含义

在中国文化中，龙是一种来去无踪、变化莫测的神物，它象征着强大、吉祥和至高无上的荣耀，有呼风唤雨、主宰一切的神力，是中国人的图腾和精神象征。

龙文化的起源

原始社会时期，中华大地上的许多部族都有自己崇拜的图腾，随着部族之间的兼并融合，他们的图腾也在融合。闻一多先生在其《伏羲考》中记述，龙的主体部分是蛇，龙图腾是以蛇图腾为主，再结合其他动物图腾形成的一种综合图腾。

据我国考古发现，龙在中国的起源最早可以追溯到遥远的上古时期。辽宁阜新查海遗址中发现的石堆龙距今约有8000年之久，河南濮阳发现的蚌龙和内蒙古清水河出土的黄土龙距今都有约6000年，内蒙古赤峰红山文化遗址出土的玉龙、猪龙距今也有5000年左右。此外，其他文化遗址中也有各种龙的形象。

随着中华文明的不断发展，龙的形象也被不断地创造和完善。春秋

王权与人杰的象征

古代的帝王多以"真龙天子"自居。龙是一种祥瑞,是至高王权的代表,一切与皇帝有关的事物都被打上龙的印记,如龙袍、龙椅等;普通人不能与龙沾上半点关系,否则就会招来杀身之祸。

古代的龙也是人杰的象征。如果一个人才华出众、志存高远,人们会称他是"人中龙凤",如三国时期蜀国丞相诸葛亮有"卧龙"之称;如果一个人怀才不遇,人们会说他是"龙困浅滩";等等。

龙的含义

① 喻指文章、书法的雄健华丽。
② 喻指不凡、豪杰之士。
③ 封建时代帝王的象征。
④ 喻指骏马。
⑤ 甲骨文本义指传说中一种有鳞须、能兴云作雨的神奇动物。

以前的龙主要以兽首蛇身、一足或无足为主,并且还保留着爬行动物的特征;直至隋唐,龙开始飞腾,且极具威慑力。宋人罗愿在《尔雅翼》中形容龙的外形特征为鹿角、驼头、兔眼、蛇颈、蜃腹、鱼鳞、鹰爪、虎掌、牛耳,能腾云驾雾,可呼风唤雨,集威严与智慧于一身,已经与现代龙的形象非常接近。后来,龙成为中华儿女心中一股永不衰竭的精神力量之源,并逐渐形成了内涵丰富、思想深邃,集力量、美感与活力于一身的"龙文化"。

新石器时代·彩绘蟠龙纹陶盘

1980年出土于山西襄汾陶寺遗址,盘的内壁用朱红彩绘制出蟠龙纹,口吐信子。龙鳞红黑相间,酷似赤链蛇鳞,是中原地区迄今所见最早的蟠龙图像。

东周·玉龙

龙的传人

在中国上古神话中，人类的始祖伏羲氏和女娲氏都是人首蛇身的形态，先祖黄帝和炎帝都与龙有着密切关系。《史记》中说，汉高祖刘邦就是龙的儿子。龙作为中华民族共同的图腾和精神寄托，其蕴含的是与时变化、能屈能伸、奋发图强等诸多美好品质，这也是中华儿女几千年来所传承和发扬的精神。但"龙的传人"这一称呼并没有在史籍中出现，而是在1978年随着侯德健的歌曲《龙的传人》的发行才逐渐流传开来。

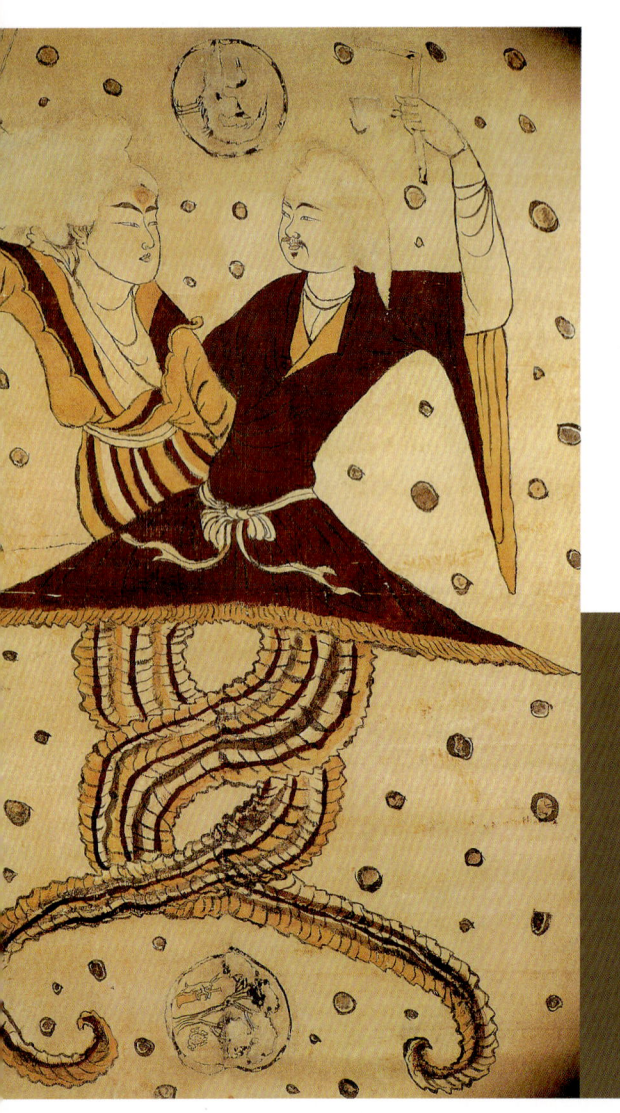

唐·伏羲女娲图

伏羲氏、女娲氏为中国神话中人类的始祖。图中伏羲氏、女娲氏分别呈男女形象侧身相对。伏羲氏持矩，女娲氏执规，另一手各抱对方腰部，下半身为蛇形交缠。周围日月星宿的布置显示了伏羲氏、女娲氏作为人类始祖的崇高地位。

龙生九子

中国传统文化中有"龙生九子，各有不同"的说法，人们依据九子的品性，将它们雕饰在不同的地方，以表达相应的愿景。

囚牛 qiú niú	睚眦 yá zì	嘲风 cháo fēng	蒲牢 pú láo	狻猊 suān ní	赑屃 bì xì
喜好 音律	喜好 争斗、嗜杀	喜好 历险、远望	喜好 吼叫	喜好 喜烟、好坐	喜好 负重
形貌 黄色小龙	形貌 龙首豺身	形貌 走兽	形貌 小龙	形貌 狮子	形貌 龟身龙头
装饰 蹲立琴头	装饰 刀剑剑格、吞口	装饰 殿角走兽	装饰 洪钟提梁的兽钮	装饰 香炉龙脚、佛座狮子	装饰 碑的基座

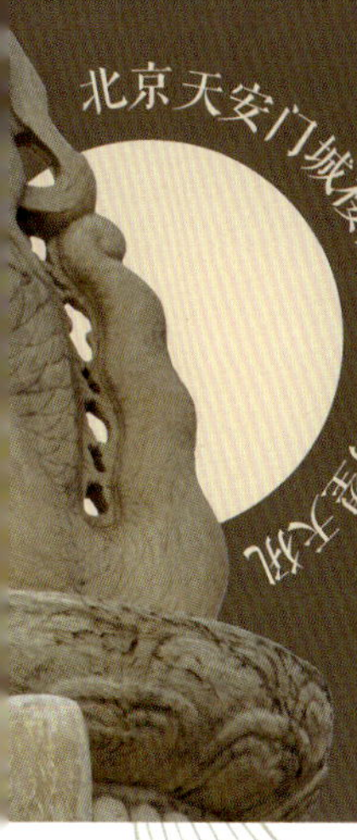

民俗文化中的"龙"

在古代，龙作为绝对权力的象征，是普通人不可触碰的存在；但从吉祥和美好祝愿的角度来说，龙深受老百姓的喜爱和崇拜。生活中，新人结婚时，"龙凤呈祥"便是亲友们美好的祝福；对于孩子，父母最大的心愿是"望子成龙"；取名时，"龙"也在热门首选之列。春节舞龙、元宵挂龙灯、端午赛龙舟，"二月二"称为"龙抬头"，都是取红火、吉祥的寓意。其他如建筑、服饰、信笺等都常有龙纹装饰。

龙真的只有九子吗？

"龙生九子"的说法只是采用了概数的手法，其实除了这九子，龙还有很多子，如饕餮。这是一种极度贪吃的神兽，甚至连自己都吃，吃得只剩头部，所以世人称它"有首无身"。饕餮作为装饰纹样常见于古代青铜器上，尤以簋最多，因为它是用来盛放食物的食器。其他如椒图、蚣蝮、螭首、狻、麒麟、金吾等相传都是龙的儿子。

北京天安门城楼前华表上的动物犼

西夏王陵中的琉璃鸱吻

螭吻 chī wěn
喜好 吞噬
形貌 龙首鱼身
装饰 屋脊横梁

负屃 fù xì
喜好 文章书法
形貌 身似龙
装饰 盘绕碑顶

狴犴 bì àn
喜好 诉讼
形貌 老虎
装饰 官衙正堂两侧、狱门

先民抗争的投影

神的世界是人的世界的投影，神话实质上也可以看作"人话"。

远古时代，劳动人民创造神话不是凭借抽象的思想，而是根据他们在劳动过程中的具体感受和生活需求，所以说神话是从劳动中产生出来的。

中国古代的劳动者因为生产力低下而长期饱受与自然斗争之苦，于是，他们创造出那些敢于抗争自然、征服自然、改善人们生活的神，用来鼓舞自己，增加劳动热情。

以抗争为精神内核

"在希腊神话中，火是普罗米修斯偷来的；而中国神话中的火是先民坚韧不拔从木头中摩擦出来的！他们用这样的故事告诫后代与自然做斗争！"的确，中国神话故事体系庞大而繁杂，就最为大众所熟知的一些神话故事来说，其所蕴含的核心精神主要有两个字：抗争。

中国古代神话是劳动人民与自然长期做斗争、以求生存的真实写照。这些神话人物敬畏天地、敬畏自然；当遭遇生存的威胁时，他们也敢于奋起抗争，以坚韧不拔之志去奋力争取。

有人认为夸父是一个巨人族的族名，追逐太阳的是其族人之一。夸父临死时将手杖扔出化作一片桃林，绿叶茂密、硕果累累，是为了给后来追寻光明的人解渴，并启示他们趁着白天继续向前赶路。为后来者铺路，这是夸父神话所蕴含的另一层含义。

河南焦作龙源湖公园的夸父逐日雕塑

明·山海百灵图（局部）

美国弗利尔美术馆藏。画中诸多怪奇神兽的形象，灵感均来自《山海经》。

夸父逐日

传说中,远古时期,北方大荒山中住着一位巨人,名叫夸父。夸父相貌古怪,力大无比,且善于奔跑。每当太阳落山,黑夜总是让夸父感到不安,他便想追上太阳并捉住它,好让黑夜永不降临。于是,夸父迈开大步,朝着太阳西斜的方向追去。可惜还没追上太阳,夸父就渴死在路上,他手中的拐杖掉在地上化为一片桃林,身躯则化作大山。

伏羲与八卦

据说伏羲发明了八卦,而八卦的形状很像是一条条有结的绳子和无结的绳子交错排列,八卦可以说是代表了世间万事万物,有记录事情的功用。八卦虽然很可能来源于结绳记事,但它本身并不是真正的绳结,而是用工具刻画在平整的物体表面的符号,很可能是文字的雏形。八卦之间的互相排列、推演,包含了简单的二进制算法,因此伏羲也可能对数学做出过很大的贡献。

中国神话

伏羲彩塑

山海经

《山海经》是一部集地方志、方物志、草木志、禽兽志和民俗志于一体的上古奇书,其中记载了约40个邦国、550座山、300条水道、100多个历史人物,内容涉及神话、宗教、历史、民族、天文、地理、动物、植物、医药等学科。它不但是寄托了我们祖先奇幻想象的上古神话书,而且是一部具有历史价值的远古地理勘探录。

酸甜苦辣它先尝

清·镶银箸

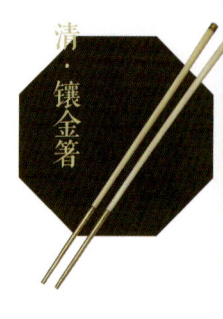
清·镶金箸

筷子

你了解筷子吗？对筷子的了解有多少呢？

筷子作为起源于中国的餐具，陪伴着每位中国人的一日三餐。

看到这个标题，你会想到什么？没错，就是筷子。

筷子有两根，一根负责托举，一根负责夹菜，一静一动，一阴一阳。

筷子的起源

筷子在古代叫作梜（jiā）、箸，李白诗句"停杯投箸不能食"中的"箸"就是筷子。筷子起源于中国，后来随着中华文化的外传，逐渐传播到朝鲜半岛、日本、东南亚等地。

传说中筷子的出现与姜子牙有关，神鸟赠予他神竹做成的筷子，这样姜子牙就可以辨别出食物是否有毒。邻居见此也纷纷效仿，筷子便由此流传下来了。

清·十二月月令图八月（局部）

清·碧玉箸
清·金箸

筷子头圆
筷子尾方

筷子的文化印记

吃饭的时候，你认真观察过筷子吗？仔细看来，会发现筷子的大头多方方正正，而小头通常尖尖圆圆，这就很符合中国古人对整个世界天圆地方的理解。筷子的最初的长度是七寸六分，据说象征着人的七情六欲。我们通常会说"麻烦给我一双筷子"，而不说"麻烦给我两根筷子"，据说这同古人太极的理论有关，体现万物调和。

清·十二月令图十二月（局部）

拿筷子方法

使用筷子的规矩

筷子作为餐桌上不可或缺的一部分，使用起来也有自己的规矩。

两端对齐

我们通常要右手拿筷子，用筷子的时候要两端对齐，最好要拿筷子的中上部，偏上偏下都不好。

摆放整齐

一双筷子的长度一定要相同，在同一张餐桌上不宜摆放长短不同的筷子。

勿指人

不能用筷子指人，这会让对方误以为你在责骂他（她）。

勿击筷

不能使用筷子敲击碗盘，因为在古代只有乞丐要饭的时候才会敲碗，发出声音以吸引人们关注。

勿翻找

不能用筷子在盘子里来回翻找，这是极其不礼貌的一种做法。

一双小小的筷子，看似简简单单，实则包含了诸多理念与内涵，体现了中国深厚的传统文化积淀，也折射出中国人的智慧。

中华食文化 专题

各民族风俗各异，美食特色也很鲜明。

每个民族有不同的传统美食。下面这些香飘四溢的特色美食，你都尝过吗？在边看边咽嘴馋时，可别忘了透过美食来领略各民族的民俗文化哟！

壮族·宁明壮粽

自古以来，壮族就流行春节吃大粽耙的习俗。这种粽耙是先将糯米和猪肉煮熟，再用芭蕉叶包裹而成。粽耙尤以广西宁明的最具特色，糯米香软不粘牙，猪肉肥而不腻，故名"宁明壮粽"。

满族·沙琪玛

沙琪玛最初是满族祭祀用的食品，清军入关后在北京风靡起来。将细条面炸熟，拌上蜜糖、果品，成形后再炸制一次就做成了这种甜味点心。食用时宜切成小块。沙琪玛色泽金黄诱人，口感松软香甜。

蒙古族·烤全羊

烤全羊是蒙古族招待贵宾的必备佳肴，将羊用铁签固定在烤炉上烤制而成。烤好的全羊皮焦黄油亮，肉鲜嫩松软，还带有扑鼻而来的羊肉香味，可谓色、香、味俱全。

酸汤鱼令人胃口大开

苗族·酸汤鱼

苗族人有食酸的习惯，酸汤可以解渴、解暑、增进食欲。在熬制好的酸汤中，放入洗净的活鱼和蔬菜，就制作成酸汤鱼。这道菜汤鲜酸开胃、肉鲜嫩爽口，是黔系菜肴的代表作。

藏族·酥油茶

为了御寒充饥,藏族人家里必备酥油茶。这种饮品是以浓茶为主料,再添加盐和用牦牛等动物的奶提炼制成的酥油,在茶桶内搅打而成。酥油茶醇厚清香,含有较高热量,既能饱腹又能祛寒。

傣族·火烧干巴

火烧干巴最初是供傣族贵族享用的名菜。选用上好的黄牛肉,用天然香料腌制,在炭火上烤熟后再用锤子舂制而成。这种风味小吃制作方法独特,喷香耐嚼,保留了牛肉的原汁原味。

舂干巴丝

哈尼族·竹筒鸡

由于云南盛产翠竹,哈尼族就用竹筒代替铁锅,将嫩鸡、火腿和玉兰片等塞入竹筒,在炭火上烧出竹筒鸡。这道菜既有鲜竹的扑鼻清香,又混合着鸡肉的鲜爽嫩滑,口感极佳。

白族·生皮

生皮是白族常备的凉菜。将烧烤处理过的土猪皮肉切割成条,再配上辣椒、醋、酱油和姜葱等调制的佐料蘸着吃或凉拌,吃起来酸辣爽口,嚼劲十足。

彝族·坨坨肉

彝族人用大块肉招待客人来彰显热情好客。他们会将肉砍成拳头般的肉块,入锅烹煮,捞出后拌上精盐即可食用。这种做法能尽量保持肉的原汁原味,使肥肉香而不腻、瘦肉脆嫩可口。

瑶族·荷包扎

荷包扎是瑶族逢年过节必备的菜肴,用荷叶包裹五花肉、糯米饭等蒸煮而成。清香的荷叶伴着香酥软烂的猪肉,肥而不腻,唇齿留香。

17

姓氏与生俱来的标签

> 姓，人所生也。古之神圣母，感天而生子，故称天子。从女，从生。
> ——《说文解字·女部》

在中国古代，姓氏对一个人来说是非常重要的标签，它不但标志着一个人的血统，也显示着他的身份和社会地位。人们无法选择自己的姓氏，但又无法摆脱其赋予自己的某种使命感。

姓

中国姓氏的起源可以追溯到母系氏族社会，那时的人们是按照母系血缘分为不同的氏族，每个氏族以自己的专属领地或图腾作为族群标识，这就是最初的"姓"。如传说时代的圣王们，其姓都含女字旁：炎帝姓姜，黄帝姓姬，少皞姓嬴，舜帝姓姚，大禹姓姒。

氏

当母系社会发展到一定程度时，同一母系血统的氏族后代开枝散叶，分成无数支族，支族之间区分彼此的称号就是"氏"。一个氏族分出多少个支族，就有多少个氏。姓代表母系血统，氏代表氏族分支；姓不能改变，氏可以不断形成；姓区别血统，氏区分子孙。夏、商、周三代时，氏已经是一个人身份和地位的象征，"男子称氏以别贵贱"，而女子只能在家中按孟、仲、叔、季来排行。如孟姜女并不姓孟名姜女，她其实是姜家的长女。秦汉开启了中国历史上的大一统时代，姓氏原有的区别不再有实际意义，于是两者逐渐合而为一。

姓氏的衍生

姓氏的衍生比较复杂，东汉应劭在《风俗通义·氏族篇》中提出九种："或氏于号，或氏于谥，或氏于爵，或氏于国，或氏于官，或氏于字，或氏于居，或氏于事，或氏于职。"宋代郑樵在《通志·氏族略》归纳出32种。究其规律，姓氏的来源主要有以下几种：

① **最早形成的姓** 以女字旁居多，如姜、姬、姚、姒、嬴等。

② **国邑** 周天子分封同宗族和异姓功臣为诸侯，他们以国邑名为氏，如鲁、卫、齐、宋；诸侯国君主再分封卿大夫，称"采邑"，他们逐渐壮大建立国家，如韩、赵、魏，并以国名为姓。

③ **官职** 如司马、司空、司徒、史、理、钱、宗、帅等。

④ **祖上名字** 依宗法制，天子的子、孙称王子、王孙，诸侯的子孙称公子、公孙，王孙、公孙的儿子则以其祖父或父亲的名或字为氏。

⑤ **排行次第** 周代以孟（伯）、仲、叔、季为子孙排行，其后代可称孟氏（伯氏）、仲氏、叔氏、季氏。

⑥ **爵号、谥号** 爵号以王、侯二姓最具代表，谥号如文、武、穆、宣等。

⑦ **居住地** 无法获得封地的人便以居住地为姓，如池、柳、西门、东郭、东方、南宫等。

⑧ **职业技能** 如屠、陶、甄、卜、巫等。

⑨ **事件** 汉武帝的丞相田千秋年事已高，皇帝特许他乘车进宫，时称"车丞相"，其后人便以车为姓。

⑩ **避讳、受赐** 为表殊荣，皇帝常常赐"国姓"给功臣。唐玄宗李隆基即位，姬姓改为周姓；唐宪宗李纯即位，淳于姓改为于姓。

⑪ **少数民族称呼转化** 如独孤、宇文、鲜于、尉迟、慕容、贺兰等。

郡望大姓

在古代，望族大姓在社会活动中无疑是一块金字招牌。

自汉魏开始，门阀制度盛行，姓氏被冠以高低贵贱的标签。出于政治原因，统治者和王公贵族拥有尊贵的社会地位，他们必然会形成豪门大族，如东汉的樊、郭、阴、马"四姓小侯"，东晋的王、谢、袁、萧四族。其中，王、谢二姓在当时门第极高，影响较大，名人辈出，如王敦、王导兄弟，王羲之、王献之父子，谢安、谢玄叔侄等。

"儿童散学归来早，

忙趁东风放纸鸢。"

希望的信使

你有没有听过这样一联诗句：儿童散学归来早，忙趁东风放纸鸢？古代的小朋友在放学后经常会趁着春风放一放风筝。你喜欢在春天的时候放风筝吗？你知道最早的风筝是什么样吗？

风筝的起源

风筝每年春天都会如约出现在天空之中，为人们带来欢乐，但是千万别因为它简简单单就小看它，它可拥有相当悠久的历史。相传墨子发明了一种木鸟，用来刺探军情，这就是风筝的原型。后来鲁班用竹子改进了风筝，据说改进后的风筝在天上飞了三天。直至东汉时期，纸变得便宜了，民间便开始用竹子和纸张制作风筝，因此风筝在古代也被叫作纸鸢。到了宋代，风筝真正成了一种为人们所喜爱的玩具。

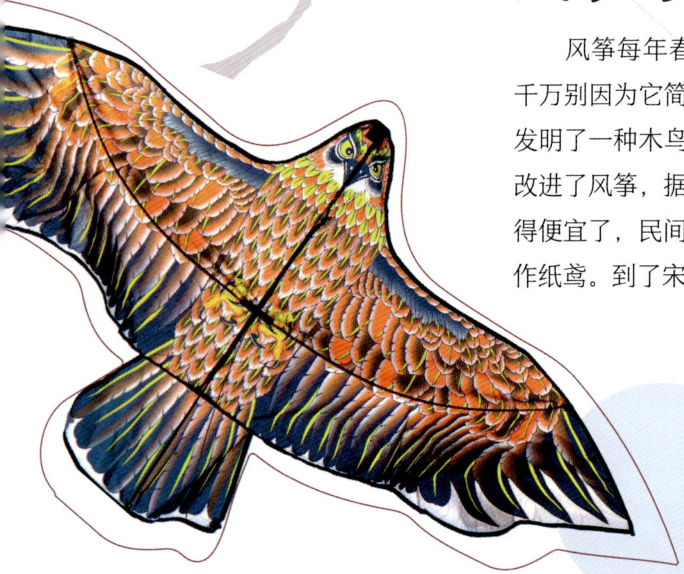

潍坊国际风筝会

风筝的种类

风筝拥有千年的发展历史，种类也很多样。

制作方法最简单的是板子风筝，通常会带有一条长长的尾巴来辅助飞行；最常见的风筝是硬翅风筝和软翅风筝，特点是都很容易放飞，而且造型多样；而现在最出名的风筝当数龙形风筝了，它一般是龙头蜈蚣风筝，放飞的时候气势宏大，令人瞩目。

风筝

天津"风筝魏"

清光绪年间,魏元泰在天津鼓楼创立"魏记长清斋扎彩铺","风筝魏"自此得名。其风筝造型逼真,色彩明丽,做工精细,飞行平稳,是公认的独一无二的风筝手艺。"风筝魏"的制作包括创意、设计、选料、扎架、彩绘、糊面、试飞、总装八大工艺流程。历经百余年几代人的传承,"风筝魏"制作技艺在工艺、绘制等方面均显示出很大的优势,具有独特的历史文化价值。

儿童放风筝场景

明·青花婴戏高足碗

清·升平乐事图册(局部)

《升平乐事图册》共12幅,描绘了与民俗有关的各类活动,如放风筝、放鞭炮、提花灯等。

软翅风筝

魏元泰制风筝蝉

潍坊:"风筝之乡"

潍坊是山东省的一个地级市,因风筝而闻名世界,所以又被叫作"鸢都"。潍坊每年举行国际风筝会,这使得承载了中国传统文化的风筝得以向世界传播。"龙头蜈蚣"风筝便是潍坊风筝的代表,它不仅向世界展示了我国制作风筝的成熟技艺,更让世界了解了中国的风筝文化。

十二"守护神"

中国的十二生肖源远流长，在全世界都有着广泛的影响。

在中国传统文化中，十二生肖作为一个整体被广泛应用于生活中的各种装饰，如圆明园十二兽首。十二生肖与十二地支相结合被用作纪年，于是，每个中国人自出生起都会有自己的"守护神"——属相。

四川省博物馆藏，国家一级文物。镜中间有楷书铭文"武德军作院罗真造"，武德军作院是前蜀官营的手工业作坊。镜背面纹饰的中圈为十二生肖动物，外圈为缠枝花瓣纹饰。由于五代时间较短，所以此铜镜成了研究该历史时期手工业发展状况的珍贵文物。

五代·武德军十二生肖纹镜

十二生肖

十二生肖是中国历史久且极具特色的民俗文化号，又称"十二属相"，别是鼠、牛、虎、兔、龙、蛇、马、羊、猴、鸡、狗、猪。

十二生肖起源于古人动物的崇拜，从湖北云梦虎地和甘肃天水放马滩出的秦简可知，先秦时已有完整的生肖体系。东汉王的《论衡》最早记载了与代相同的十二生肖。魏晋北朝时，十二生肖已普遍现在人们的日常生活中，种动物都有其特定的内涵。

鼠
老鼠象征机敏，它逃时很难被捉住。老鼠还主财富，家有余粮才会有鼠光顾，所以老鼠多味着家庭富裕。

牛
牛代表踏实与奉献，它是几千年农耕时代的主要动力源。牛也象征力量，以牛角做头饰，传递出勇气、守护等寓意。

虎
作为百兽之王，老虎代表雄健、威严。古代常把虎与军事挂钩，如虎将、虎符等。虎也是四方灵兽之一，有辟邪的寓意。

兔
兔子在中国传统观念中是善良、温顺的化身，也寓意纯洁美好。中国神话传说中"玉兔"的形象也是月亮的代名词。

龙
龙是被古人想象出来物，它象征王权，是专属；代表精英人才，"人中龙凤"；寓意吉如"龙凤呈祥"等。

蛇
在传统文化中，蛇是神的象征，如伏羲女娲都是人首蛇身的形象。在古人眼里，蛇蜕皮是一种再生，是长生的象征。

马
马身形矫健，气度非凡，是古代王侯驰骋沙场、指点江山的写照，也是普通人昂扬向上、奋发图强的精神寄托。

羊
羊洁白的外表和温顺的性情使它成了善和美的象征。在古代铭文中，"羊"往往代替"祥"字，所以羊也有吉祥的寓意。

猴
猴与"侯"同音，在里有"封侯"的寓猴的顽皮和灵性造就所不能的"美猴王"，是敢于抗争的象征。

鸡
鸡与"吉"同音，是年画中的常客，寓意吉祥如意。而唐诗中"雄鸡一声天下白"却是取鸡象征光明之意。

狗
狗因看家护院的职能成了忠诚的代名词，又因它的叫声"汪"使其成了"兴旺发达"的象征，所以人们常给狗取名"旺财"。

猪
猪在中国民俗文化中被称为"福运使者"，它肥头大耳、憨态可掬，是福气、好运、富贵以及财富的象征。

丝绸织绣，云锦天章

"纤纤擢素手，札札弄机杼。"

丝绸是中国最亮眼的名片，不仅中西方海陆贸易的通道叫"丝绸之路"，就连中国最早也被称为"赛里斯"即"丝国"。让我们来看看从蚕虫吐出生丝到千万条彩线轻盈穿梭，这份中国独有的绚烂是如何织就的。

什么是丝绸

中国是最早掌握养蚕缫丝和织绣工艺的国家，有嫘祖教百姓养蚕缫丝的传说。古人将蚕丝加工成线，再制成丝织品，统称为丝绸。丝绸凭借天然纤维带来的舒适轻薄、柔顺光滑和吸湿保暖的特性，自问世以来便深受海内外人士的喜爱。

三大名锦

织锦是织有各种样式图案的丝织物。蜀锦、云锦和宋锦因质量精美而著称，被评为"三大名锦"。

蜀锦指成都产的彩锦，多用染色的熟丝线开织，通过经线起出彩饰、彩条花纹，质地坚韧；色彩鲜艳。主要品种有方方锦、浣花锦、雨丝锦等。

蜀锦

宋锦

云锦

宋锦是宋代发展起来的织锦，在苏州生产。经线和纬线联合显花的方式，使纹饰精密细致。图案变化多样，龟背纹、绣球纹、剑环纹、朱雀纹、吉祥纹等，配以和谐淳朴的色彩，呈现出典雅古朴的风格。

四大名绣

苏绣、蜀绣、粤绣和湘绣以其精湛的技艺而闻名于世，并称"四大名绣"。

苏绣

苏绣是以苏州为中心的刺绣，技术上有针法活泼、绣工精致的特色，艺术上形成色彩清雅、构思精巧、图案秀丽的风格，有"细绣""仿真绣"和"乱针绣"等流派。

蜀绣

蜀绣是以成都为中心的刺绣的总称，用百种讲究"针脚整齐，线片光亮，紧密柔和"的针法绣成，再配上清秀明快的色彩，显示出浑厚圆润、平整细腻的独特韵味。

粤绣

粤绣是广东地区的刺绣，以构图繁而不乱、色彩鲜艳夺目、纹理清晰分明的特点著称。粤绣善用金银线勾勒花纹轮廓，所绣的物象华丽、富有立体感、形神兼备。

湘绣

湘绣主要源起于长沙一带，强调层次感，比苏绣浓却不及粤绣艳。图案风格豪放，以花鸟、狮虎图为代表，有"绣品若画"的特点。

产于南京的云锦，好用大量的金银线作装饰，且讲求图案配色鲜明，以色泽华丽、灿烂如云彩而得名。云锦最难得的是它还有逐花异色、千人千面的独特效果，从不同的角度进行观察，所看到的织锦上图案的色彩也不同。

［宋］赵佶·摹张萱《捣练图》

华夏衣冠

越罗衫袂迎春风,玉刻麒麟腰带红。——[唐]李贺
云想衣裳花想容,春风拂槛露华浓。——[唐]李白

近年来,大街上随处可见穿汉服的年轻人。提起汉服,可能有人会问,汉服是不是汉朝的服装呢?要想知道答案,我们就一起穿越到古代,进入汉服的世界吧!

图中人物线条圆润有力,色彩浓郁但不艳俗,呈现出唐朝仕女的雍容丰腴与优雅美丽。

汉服不是汉朝的服饰

汉服可不是指汉朝的服饰,它泛指中国汉族的传统民族服饰,是汉族在历史上主要穿着的具有民族特色的服饰。汉服的种类很多,从名人字画中可以看到其组合搭配数不胜数。它也与节日习俗融为一体,富含深厚的文化底蕴。

现代的汉服更是灵活多样,在古人服饰形制的基础上,融合了现代审美设计,更加实用和美观。

汉·直裾素纱禅衣

西汉直裾式素纱禅(dān)衣,出土于马王堆一号汉墓。面料为素纱,丝缕极细,仅重49克,是世界上最轻的素纱衣和最早的印花织物。

唐·簪花仕女图

交领右衽，你可别穿错

现代人穿衣服时，套个头，伸个腿，衣服就穿好了。可是古代人穿汉服，可没有这么简单。

汉服的主要特点是"交领右衽"。什么是"交领"？衣襟交叉在胸前，这就叫"交领"。左侧衣襟和右侧衣襟交叉时，一定要让左侧衣襟盖住右侧衣襟，形成"y"字形领口，这叫"右衽"。

汉服款式

汉服的款式繁多且复杂，有礼服、常服、特种服饰之分，以下是几种主要服制。

衣裳制

第一种是明确区分"上衣下裳（cháng）"的分裁制。古人上穿衣、下穿裳。衣裳制将衣和裳严格分开，不仅是汉服的基础形制，也是古代服饰的根本形制。

深衣制

第二种是把"上衣下裳"连缝而成的深衣制。深衣在汉代往往被用作礼服，像君王所穿的冕服，诸侯士大夫所穿的玄端都是连缀衣裳的深衣。

袍服制

第三种为一体通裁的袍服制。袍服制从深衣制发展而来，不再区分上衣下裳，而是一体通裁，称为袍服。袍服有圆领袍、直身、道袍等。

襦裙制

第四种为上襦加下裙的襦裙制，其本质还是上衣下裳制。襦即短上衣。各朝各代在襦裙的基本形制下衍生出高腰襦裙、齐胸襦裙等款式。

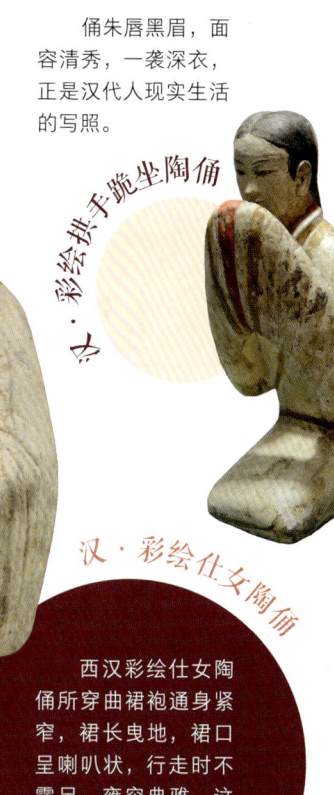

汉·彩绘拱手跪坐陶俑

俑朱唇黑眉，面容清秀，一袭深衣，正是汉代现实生活的写照。

汉·彩绘仕女陶俑

西汉彩绘仕女陶俑所穿曲裾袍通身紧窄，裙长曳地，裙口呈喇叭状，行走时不露足，雍容典雅。这是汉朝时期女服中最常见的一种样式。

27

"十里绮罗春富贵，
千门灯火夜婵娟。"

流光溢彩，
灯火辉煌

每逢元宵、中秋时，尽管天青如水配上月明如镜，已堪称良宵美景，可是人们并不满足，还要高高挂起大红灯笼以助月色，灯笼如火树银花般流光溢彩。现在我们就来探究灯笼是如何成为佳节的标配，怎样为不同场合增添仪式感的吧！

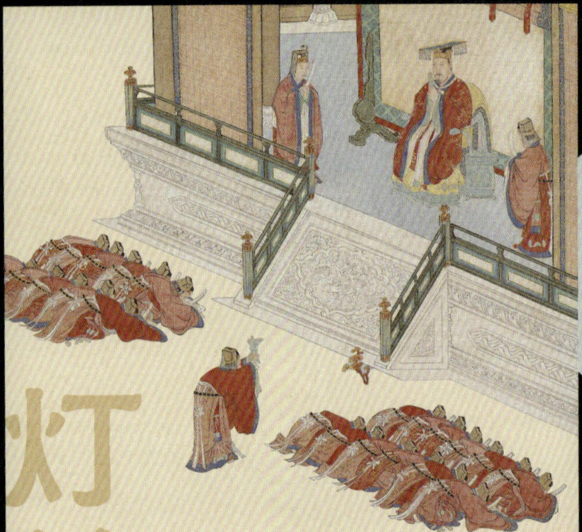

明·《帝王道统万年图》之汉明帝像

灯笼的起源

中国传统的灯笼起源于 2100 多年前的西汉时期，每年农历正月十五元宵节时，家家户户都会挂起象征团圆的灯笼。传统灯笼多以细竹篾或铁丝制成骨架，再以纸或纱等透明物包裹，内燃灯烛。

元宵灯会

隋唐时期，随着经济的繁荣，元宵节灯会也兴盛起来。这天，京城会有"百枝灯树"光照百里，家家户户都张灯结彩，百姓也能不受宵禁的束缚昼夜观赏。宋代的灯笼更是华丽精巧，商铺挂着的羊皮灯、珠子灯和走马灯，与彩灯层叠堆成的"鳌山"相辉映，形成"千门灯火夜婵娟"的盛状。

为了增加趣味性，宋人还将谜语用纸条写下来，并贴在彩灯上供人猜射。猜灯谜既能启迪智慧，又迎合了节日欢快的娱乐气氛，所以备受百姓喜爱，逐渐成为元宵节必不可少的习俗。

扎灯笼

制作灯笼是一门集剪纸、纸扎、绘画和刺缝于一身的技艺。先要选取能弯曲的竹枝或芦苇等交叉搭成骨架，在衔接的地方要用细线捆紧。再根据骨架的长宽裁剪彩纸，并在纸上写书法字、描绘各种图案或花纹作为装饰。最后用糨糊将彩纸糊裱在骨架上，等晾干后将蜡烛放在骨架内，灯笼就大功告成了。若想更精巧雅致，还能用流苏挂在边角上，或用仿绫纸上下镶边，如同宫灯般美观大气。

[明] 仇英·《南都繁会图》中的鳌山

不同场合的灯笼

灯笼除了能用来照明以外，还是一种文化象征。大红灯笼多用于婚礼、佳节等喜庆的场合上，寄寓吉祥如意的祝福；白色的竹篾灯笼则常用于丧葬场合中，表达对逝者的悼念和哀思；人们还会制作孔明灯，点燃后放飞到夜空中，最初用以传递军事信息，后来又用以祈福许愿；店铺门前也会悬挂灯笼，有时灯笼上面还会有店铺的经营信息。

孔明灯

孔明灯是一种利用热学原理制作的升空灯具，古代曾用于军事信号传递。相传为三国时期蜀国丞相诸葛亮发明。

清·粉彩仕女乐舞瓶

舞狮的流派

有华人的地方就有舞狮,但由于各地的风土人情不同,因而形成了不同的舞狮流派,交相辉映,创造出灿烂的舞狮文化。

2006年,河北徐水舞狮被收入第一批国家级非物质文化遗产名录。徐水舞狮总体分为三种——文狮、武狮、少狮。徐水舞狮中不能缺少的还有引狮郎,手拿绣球追引狮子,与狮子配合默契。

舞狮

南狮北舞

据说舞狮起源于远古时代的"驱傩"。

说到舞狮,你会想起来什么?是电影中黄飞鸿师徒的矫捷身姿,还是《雄狮少年》中少年们的热血沸腾?舞狮作为中国优秀的民间艺术传承了多年,今天,就让我们一起了解一下舞狮吧!

关于南北舞狮

唐代有宫廷乐舞《太平乐》,由人披着缀毛的假狮皮扮作狮子进行舞蹈表演。传说狮子有驱邪避害的作用,因而每逢重大节日必舞狮。

舞狮的道具狮差别不大,狮身由彩色布条制作而成,每头狮一般由两人相互配合进行表演。所谓"南狮北舞",北狮顾名思义,广泛流传于长江以北地区,通常成对出现,一雌一雄,由武士带领,跟杂耍类似,注重表现狮子本身刚猛、矫健的姿态;南狮又称醒狮,脱胎于唐代宫廷的狮子舞,我们常常看到的狮王争霸赛就是南狮比赛。

四时永庆图狮之灯辉绮节(局部)

30

文狮

文狮的表演动作一般以趣的戏耍动作为主，如戏、打滚、抓痒等。

武狮

武狮的动作则比文狮要难一些，它将舞狮的动作与武术动作结合起来，因而会出现踩球、走梅花桩甚至过跷跷板等动作，令观众感到惊心动魄。

少狮

少狮就像它名字一样，扮演的是小狮子，虽然不如武狮那样孔武有力，但也多了些年轻狮子的青春与朝气。

舞狮的内涵

作为流传了千年之久的民间艺术，舞狮也拥有着自己独特的文化内涵。舞狮兴起于中原，但兴盛于沿海地区。在近代，很多沿海地区的人民下南洋寻找生计，舞狮也随着华人一起流传到了海外。现在，有华人的地方就有舞狮，舞狮也成了海外华人与祖国联系的文化桥梁。而舞狮体现的刚健自强、威武不屈的民族精神，也随着舞狮的一代代传承而深深印刻在我们脑海之中。

在舞狮表演中，我们经常可以看到狮子时而威风凛凛，时而憨态可掬。它们在锣鼓声中跳跃、翻滚、嬉戏，将狮子的形象表现得栩栩如生。而这些动作的完成，离不开表演者们日复一日、艰苦卓绝的训练。正是这种坚持不懈的精神，使得舞狮表演能够达到如此精湛的地步。

你有没有见过真正的舞狮表演？如果有机会，一定要亲自去感受一下真正的狮王争霸赛！

当你在为世界杯摇旗呐喊时，有没有注意到足球和古装剧中的蹴鞠看起来很像呢？是的，蹴鞠就是现代足球的起源！但你又是否知道蹴鞠运动是怎么来的，为什么会出现在赛场上而风靡全球呢？

舞动千年的足尖艺术

"寒食梁州十万家，秋千蹴鞠尚豪华"，这是陆游对当时梁州蹴鞠盛况的描述。

蹴鞠最初是用来练兵的

"蹴"即"踢"，"鞠"即"球"。蹴鞠（cù jū）的起源与军事有关。传说早在黄帝时，各部落都渴望强大，因此创造出各种选拔和训练士兵的方法，蹴鞠便是其中之一。在军队中加入蹴鞠，既可以起到增强士兵体力和耐力、提高军队军事素质的实际效用，还能丰富士兵的军旅生活，让他们保持高昂的情绪。

汉·铜蹴鞠图案印

球原来是这样做的

蹴鞠最早是用皮革缝制、里面用毛发填充的实心球。唐代则发明出充气球，这种球外面用八块皮革缝缀而成，内里用动物膀胱做球胆，吹满气就可以踢。这样球变得更有弹性，就能踢得更高。宋代进一步对唐代的制球技术进行改进，用"十二片鞠"代替唐代的"八片鞠"，更利于球在地面翻滚，使当时球的结构和制作方法越来越接近现代足球。值得一提的是，宋朝是中国古代女子蹴鞠的高峰期，其中宫廷女子是蹴鞠的重要力量之一。

古代蹴鞠的花样玩法

蹴鞠比赛有直接对抗、间接对抗和白打三种形式。直接对抗和间接对抗有球门，与今天的足球比赛较为相似；白打无球门，更看重球员的散踢动作是否标准和球是否出界，观赏性更强。

直接对抗盛行于汉代，有一"鞠城"，即球场；有两座像小房子似的建筑即球门。赛场上，双方队员用身体直接接触进行对抗，谁把"蹴鞠"踢进球门多谁就获胜。

间接对抗盛行于唐宋，主要用于朝廷宴乐和外交礼仪竞赛表演。在球场中间设置一个球门，球门中间是两尺（约66.6厘米）多高的"风流眼"（类似网眼），双方队员以将球踢进"风流眼"为目标，谁进球多谁胜。

白打开展最为广泛，比赛的双方不仅要得分，还要做好踢球动作。人们把这种踢球的动作和花样叫作"解数"。古人还给一些动作取了名字，如转乾坤、燕归巢、斜插花、风摆荷、佛顶珠。

[宋]苏汉臣·《长春百子图卷》（局部）

[元]钱选·《宋太祖蹴鞠图》

钱选，字舜举。在他的这幅画面中，一共描绘了6个正在踢足球的人。据记载，画中有一人是北宋的开国皇帝宋太祖赵匡胤，画作也因此得名。

蹴鞠爱好者

早在汉朝，汉高祖刘邦的父亲就十分喜爱蹴鞠运动。但在刘邦当上皇帝后，其父因身份原因，与球友踢球的次数大大减少，终日闷闷不乐。后来，刘邦仿照原来的市井之象，新建了一座城，重新开始斗鸡、蹴鞠等娱乐活动，刘太公才开心起来。

蹴鞠在宋代最为盛行，当时的人们自发成立蹴鞠社团，其中当属齐云社最为知名。齐云社像是足球协会，它负责比赛的组织和宣传推广，如发展会员、组织比赛与表演等。

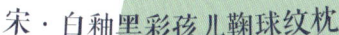

宋·白釉黑彩孩儿鞠球纹枕

且喜人间好时节

二十四节气不是某种技艺，而是一种特殊的人类时间经验框架。

二十四节气是古人对自然与物候的观察和认识。我们的祖先在很早以前便将四季变化、农作物生长的直观体验与天体的运动规律相联系。学者们通常认为，二十四节气萌芽于新石器中期，在经过了4000多年的演变后，于西汉初年完全建立，并逐步指导着人们的生产生活。可以说，是具体的生产和生活经验构成了二十四节气丰富多彩的内容。

清·十二月月令图·九月

2018年发行二十四节气特种邮票

春分	清明	谷雨	立夏	小满	芒种	夏至	小暑	大暑	立秋	处暑	白露
0°	15°	30°	45°	60°	75°	90°	105°	120°	135°	150°	165°

二十四节气与七十二候

"春雨惊春清谷天,夏满芒夏暑相连。秋处露秋寒霜降,冬雪雪冬小大寒。"这是人们为了方便记忆,从立春、雨水、惊蛰、春分、清明、谷雨、立夏、小满、芒种、夏至、小暑、大暑、立秋、处暑、白露、秋分、寒露、霜降、立冬、小雪、大雪、冬至、小寒、大寒二十四节气的名称中各取一字加以组合编出的节气歌谣。在二十四节气的基础上,人们还将每个节气进一步细分为三候,一年共有七十二候,每一候用某种动物或气象、植物的变化来表示。以立春为例,"立春三候"指的是:初候东风解冻,二候蛰虫始振,三候鱼陟负冰。大致意思是:初候时东风送暖,大地开始解冻;二候时蛰居的虫类开始苏醒;到了三候,河里的冰开始消融,鱼儿向水面游时,就像是背负着浮冰一样。在很长一段时间里,古人就是依靠这种物候作为农事生产的时间依据的。

四季的变化与地球公转有关。由于地轴是倾斜的,当地球处于公转轨道的不同位置时,同一个地方受到太阳照射的情况不同,接收到的太阳光热也不同,这就是季节的变化。当太阳直射南回归线时,北半球处于冬至节气;当太阳直射北回归线时,北半球处于夏至节气;当太阳直射赤道时,则处于春分或秋分节气。

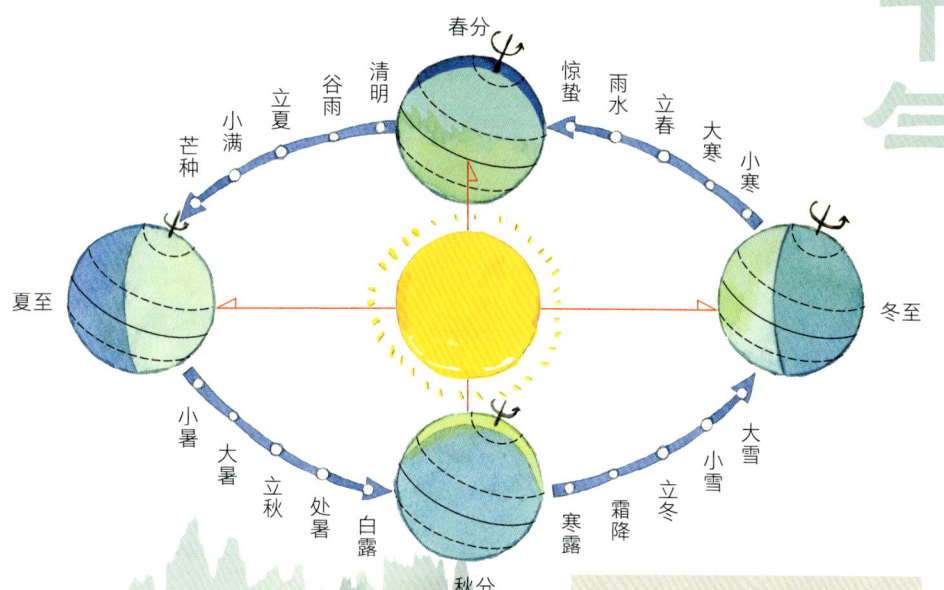

地球围着太阳公转一圈约为一年。人们将地球绕太阳公转的轨道平面与天球相交的圆称为黄道。将黄道平分为24份,从春分点,也就是黄经0°开始,太阳每运行15°所经历的时日称为"一个节气"。

秋分	寒露	霜降	立冬	小雪	大雪	冬至	小寒	大寒	立春	雨水	惊蛰
180°	195°	210°	225°	240°	255°	270°	285°	300°	315°	330°	345°

民俗大不同

丰富多彩、代代传承的民俗活动一直对人们的物质生活和精神生活产生着影响，既寄托着人们对美好生活的憧憬与向往，充实着人们的生活，同时也促进了人与人之间的相互沟通，传递了数千年积攒的文化内涵。

在北方，立春要吃春饼、立夏时要煮"立夏蛋"，夏至吃面条、冬至煮饺子，正是俗语说的"冬至饺子夏至面"。春分时，

乌米饭

浙江一些地区会在立夏吃乌米饭，据说这样夏天就不会被蚊子咬。

一些农家为了防止鸟雀偷吃庄稼，会煮一些没有馅的汤圆，俗称"粘雀子嘴"。浙江衢州市九华乡外陈村有一座梧桐祖殿，这是中国唯一的保存完好的春神殿，里边供奉着"春神"句芒，每年都会举行"立春祭"，活动的主要内容有拜春神、供奉祭品、演戏酬神、扮芒神、扎春牛、鞭春牛等。清明节前后，人们沿袭传统风俗出门踏青、荡秋千、放风筝、祭祖扫墓等。

冬至吃饺子

"冬至不端饺子碗，冻掉耳朵没人管。"由于饺子和耳朵形状相似，因此每逢冬至，有些地区会吃饺子消寒，认为这样可以防止耳朵冻伤。

清·十二月月令图（局部）·二月

二十四番花信风

从小寒到谷雨是冬去春来、万物复苏的时候，这段时间包括八个节气、二十四候，每候都有某种花开放。应花期而吹来的风，即带有开花讯息的风候，共有二十四番，因此被称作"二十四番花信风"。

36

除诗词外，画家们也时常以节气为主题进行创作。这个主题的作品大多生动且富有生活气息，图为《雍正十二月行乐图》之一，画中的一名女子正在荡秋千，这正是清明节气的习俗。

清·雍正十二月行乐图之三月赏桃（局部）

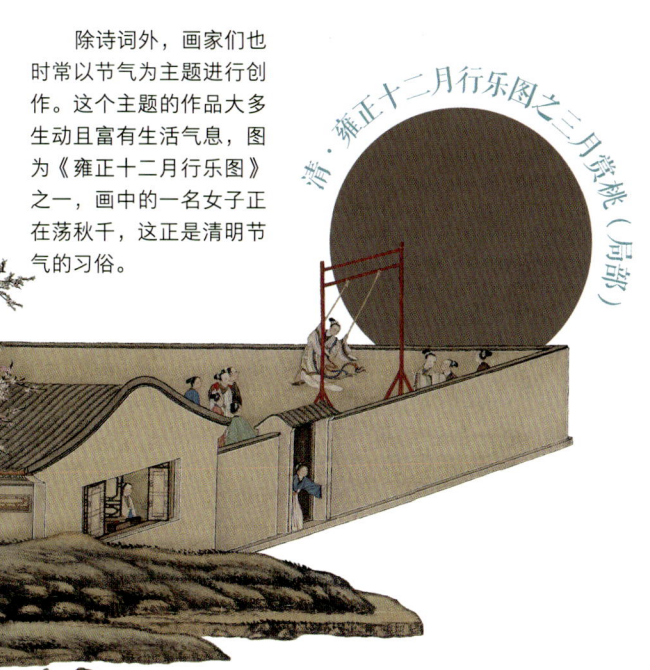

诗词里的节气

很多诗人曾通过诗词抒发感情，留下了很多与二十四节气相关的诗句，反映的内容既包括节气中的自然场景和民风民俗，也包括诗人见到此情此景的个人感受。比如杜甫的"春日春盘细生菜，忽忆两京全盛时"、韦应物的"微雨众卉新，一雷惊蛰始"、杜牧的"清明时节雨纷纷，路上行人欲断魂"、欧阳修的"最爱垄头麦，迎风笑落红"、范成大的"乙酉甲申雷雨惊，乘除却贺芒种晴"、刘翰的"睡起秋色无觅处，满阶梧桐月明中"、仇远的"明朝交白露，此夜起金风"、白居易的"火烧寒涧松为烬，霜降春林花委地"、王之道的"曈曚半弄阴晴日，栗烈初迎小大寒"等。

小寒 一候梅花 二候山茶 三候水仙

大寒 一候瑞香 二候兰花 三候山矾

立春 一候迎春 二候樱桃 三候望春

雨水 一候菜花 二候杏花 三候李花

惊蛰 一候桃花 二候棣棠 三候蔷薇

春分 一候海棠 二候梨花 三候木兰

清明 一候桐花 二候麦花 三候柳花

谷雨 一候牡丹 二候荼蘼 三候楝花

37